スイングイメージは

直線

中井 学 著

ベースボール・マガジン社

はじめに

私のゴルフ人生のスタートは14歳。父の指導はとてもシンプルなものでした。

「クラブはこう握れ。あとは俺を真似ろ」

父のスイングはよどみがなく、美しく、そして力強いもので、私の憧れでした。

とにかく必死でコピーしました。ラウンドは月イチにも満たず、練習も週1回が精いっぱいでしたが、はじめて1年半でベストスコアが73。高校時には日本ジュニア選手権への出場も果たしました。

このころから、いかに工夫して、効率よく上達するかを念頭に練習をしていました。そのことが今のティーチングの礎になっている気がします。

そんな積み重ねも、アメリカ留学とともに見事に崩壊します。

意気揚々と入部したゴルフ部で、自分の技術がまったく通用しません。

ドライバーは飛ぶが隣のホールへ。アイアンは距離感がまったく合わず、アプローチは寄らず、パターは入らずで、自信喪失。わらにもすがる思いで門を叩いた地元の有名なティーチングプロも「君のスイングは問題なし。リズムが悪いだけだよ」と一言。質問もすべて却下されてしまいました（今思えば、日米のコースの芝の違いからくる初歩的な欠陥でしたが……）。

見捨てられたと思いこんだ私は「もうだれも頼らない」と心に誓います。独学でスイングを研究する日々の始まりでした。

その日から15年。何百通りものスイング、練習法にトライし、ゴルフにとって少しでもプラスになりそうな心理学や物理学、解剖学や運動生理学を片っ端から勉強しました。なかには、3年間練習し続けて、まったく意味がなかった技術も多数あります。「もうだれも頼らない」と意地を張ってしまったために、人に聞けばすぐに直りそうなことも、気づくまでに数年かかってしまう「ムダな努力」を繰り返してしまいました。

「こんな苦しみは自分だけでもうたくさん!」

これが指導者としての私のモチベーションとなり、いまに至ります。

現在、多数のゴルフ雑誌が出版され、毎週のようにいろいろな理論、打法が紹介されています。なかには私が考えているゴルフ理論とは正反対のものもあるようです。それらを敢えて私は否定しません。「ゴルフは楽しんでナンボ」のスポーツです。あーでもない、こーでもないと、いろいろな考え方にトライしてみるのも、ゴルフの楽しみのひとつです。ただ、間違った身体の動きでムリをしてケガをしてしまい、「楽しいゴルフ」を止めなければならなくなっては、意味がありません。

スイングの効率化を追求することが、身体の負担を軽減することになるとともに、ゴルフの上達の基礎となります。その一つめの答えを、この『スイングイメージは直線』の中で表現してみました。基礎の重要性はプロもアマチュアも変わりません。ぜひこの本を手にとって、上達することの楽しさを感じてください。

09年10月　中井　学

スイングイメージは直線　目次

第3章 「直線スイング」のイメージと実践

第4章 流れるような「直線」を目指すグリップ

第5章
「直線スイング」の習得ドリル 141

第1章

「円」をイメージするから飛ばない、曲がる

直線スイングから見た飛ばしのテクニック7つの勘違い

プロも実践する飛ばしのテクニックは魅力的だが、アマチュアが試してもサッパリうまくいかない。その理由は、根本的なスイングイメージを「円運動」に置いているからなのだ。「直線スイング理論」をベースに見直してみよう。

「直線スイング」とは？

カラダを「回す」意識はいらない。力を分散させず、一方向に集める

ゴルフのスイングはクラブヘッドの動きを客観的に見ると「円運動」です。ですが、その動きを作るためにカラダを「回そう」とすると、非常に効率の悪い打ち方になります。

たとえば、自転車を漕ぐ動きを考えてみてください。ペダルが円運動で動くよう、足を回転させて……などと、考えながら漕ぐでしょうか。

単純に「ペダルを下へまっすぐ、左右交互に強く踏み込もう」とすれば、十分のはず。その意識だけで、ペダルは効率よく回転運動を起こすでしょう。

実は、ゴルフスイングも同様に考えたほうが、反復性やエネルギーの伝達効率がグッとアップするのです。この考え方を進めると、スイングイメージは限りなく「直線」に近づいていくのです。

ゴルフスイングの目的は、目標に打球を運ぶことです。ということはカラダの正面にあるボールに対して、「右から左へ」エネルギーを集中してかけていくことが大切です。

私の「直線スイング」では、この出力のベースを「重心の直線移動」で捉えています。トッププロの多くは、意識的にせよ無意識にせよ、この動きができています。

巷に広まっている飛ばしのレッスンセオリーも、この「重心の直線移動」感覚を抜きにしていると、飛ばないだけでなくミスショットの元凶になってしまいます。まずはそれをひとつずつ、検証してみましょう。

クラブの動きをイメージして、
カラダまで「回す」イメージでは
効率のよいスイングはできない

カラダの重心を「右から左へ直線的に」動かすイメージで
力強い、反復性の高いスイングになる

直線スイング検証①

「体重移動」で飛ばす

円スイングの失敗

左足を踏み込みすぎてリバウンド。「明治の大砲」に

大きな体重移動は、飛距離アップのレッスンで重視されることが多い項目です。トップでは右足にしっかりと体重を乗せ、ダウンで左足を踏み込み、一気に左足体重に。これが「打球に体重を乗せた、飛ぶショット」につながるとされています。

ですが、これを「円スイング」のイメージでおこなおうとすると、上体が突っ込んだり、左サイドが詰まるために上体を起こしてしまい、逆に右サイドへ体重が移る、いわゆる「明治の大砲」になるというミスが起こります。打球は飛ばなくなるだけでなく、方向も定まりません。

「円スイング」で問題となる点は、

腰や肩を回そうとすることです。バックスイングで、右足に乗りながら腰を回そうとすると、右腰は後ろに引けてしまいます。ダウンでは逆に左腰を後ろに回してしまうため、左に踏み込んだつもりが左後方への勢いをつけてしまい、リバウンドするように上体が起きて、右足体重になってしまうのです。

また、ダウンで左足カカトを強く地面に向かって踏み込むことで、腰の回転に勢いをつけようとする人も見かけますが、これもクラブの動きとしてはカット軌道につながり、スライスを助長するだけです。

バックスイングで頭を動かさずに
体重移動を意識すると、
腰が右後方に流れてしまうミスも

腰の回転を意識しながら、左足を強く踏み込むと左サイドが詰まる。
その反動で上体が起き上がり、体重が右に戻る「明治の大砲」に

「体重移動」で飛ばす

直線スイングの正解

体重ではなく「重心」をまっすぐ動かすと飛ぶ

「直線スイング」では、カラダの回転はあくまで重心移動の結果です。

　ゴルフスイングにおいて、カラダの重心はいわゆる「臍下丹田《せいかたんでん》」です。具体的にはベルトのバックルのポジションを意識するといいでしょう。

　これをバックスイングで右に「まっすぐ」動かし、ダウンスイングでは左に「まっすぐ」動かします。実際にアドレスの前傾姿勢をキープしてこれをおこなうと、股関節が勝手に腰の動きを回転運動にします。結果、自然と背骨のラインを軸にした、カラダの回転運動が促されるのです。

　右から左へまっすぐ体重を移動させるイメージは、まさに「直線スイング」感覚ではないか、と思われる人もいるかもしれませんが、体重移動と「重心移動」は別のものと認識してください。

　体重は足裏全体で支えますが、重心の移動は、足裏の圧力点の位置と荷重の変化で感じ取ります。

　アドレス時の前傾姿勢では、土踏まずの前方に感じる圧力が、バックスイングからトップにかけて右足カカトに移動し、ダウンでは左足の土踏まず前方、そして左足カカトへと移ります。このため、体重が前後に回転しながら移動する錯覚が生じやすいのですが、あくまで意識は直線運動に置くのが正解です。

重心をまっすぐ移動させても、前傾姿勢が股関節を稼働させ、背骨のラインを軸とした回転運動を促す

重心は「臍下丹田」。ベルトのバックルのポジションを意識し、
それを左右に直線的に動かすイメージを持つ

バックスイングでは重心を右に、ダウンでは左に。
直線的に動かす意識が、スムーズな体重移動につながる

直線スイング検証②

「手首のタメ」で飛ばす

円スイングの失敗

手首の「角度」を意識すると当てにいく合わせ打ちになる

ダウンスイングで、手首のコックを解かずにインパクト直前までタメられるほど、ヘッドスピードを加速することができる、というレッスンがありますが、これも「円スイング」のイメージのままでは百害あって一利なしです。

手首の角度をキープすることでスイングの円弧を小さくし、回転スピードを上げ、インパクトでその角度を解けば一気にクラブが加速する、というのは一見理にかなっていますが、手打ちの意識を強めるとともに、クラブのしなりを誤って使う危険性があります。

手首のコックは、シャフトをトゥ

手首のコックを意識的に解かずにインパクトエリアまで引き下ろすことは、振り遅れや手打ちのミスを誘発する

側にしならせる動きであり、これを解くことはヒール方向に戻すことです。つまり、この解き方ではフェースが開きっぱなしになります。そこでフェースを返すために、手首を伸ばし切ってシャフトにねじる動きを加えるようにすると、インパクトでの打球の衝撃を受け止め切れなくなり当たり負けてしまうのです。すると、手を返したにもかかわらず打球は弱々しいスライスになります。

また、手首のタメが振り遅れになると、カラダの動きを止めて合わせ打ちをするようになります。こうなると、方向性はボロボロになります。

コックを解いただけでは、
フェースは開いたまま。
手を使って返す動きが必要になる

フェースを返そうとすると手首が伸び切り、上体が起き上がる。当たり負けを起こし、スライスに

手首が伸び切った状態でフェースを返しても、ボールは捕まらない

直線スイング検証②

「手首のタメ」で飛ばす

直線スイングの正解

パワーの「タメ」は上体の開きを抑えて作る

本来、パワーのタメはカラダの重心移動とクラブヘッドの動きのタイムラグから生じるものです。つまり、シャフトのしなりのようにカラダ全体のしなりや、腕のしなりといったものでタメを意識するべきです。

手首の動きでいえば、親指方向へのコックではなく、右手甲側へのしなり感をイメージしたほうが、正しいタメの感覚に近づけるでしょう。

重心の直線運動からタメのイメージを膨らませると「ダウンでカラダの開きを抑える」のが正解です。左への重心移動とともに腰がターンしていきますが、上体はインパクト直前まで右を向いたまま。左肩が閉じ

手首も右腕も伸び切らないから
ヘッドが当たり負けずに正しく動く

シャフトのしなりは
トゥヒール方向ではなく、
フェース方向にイメージ

た状態が、最も効率よくパワーをタメていることになります。

米国シニアツアーで活躍している尾崎直道プロのスイングが好例です。インパクトエリアの初期で手首のコックは解けているように見えますが、上体の開かないタメの利いたスイングで力強く飛ばしています。

手首のコックを「折り曲げ」と考えるところから、クラブの長尺化・大型ヘッド化では振り遅れが生じ、アーリーリリースといった技術が必要と論じられましたが「直線スイング」ではナンセンスです。手首のコックは「しなり」であり、当然インパクトでは「しなり戻る」ものだからです。しなりは、重心移動がスイングの動きをリードしている間はキープされ、上体のリリースが始まれば勝手に解けます。角度など、意識する必要はまったくありません。

ダウンでカラダの開きを抑えることが、重心移動との兼ね合いで、本当のパワーのタメを生む

手首を「折り曲げ」で考えると、振り遅れ対策には早く解く動きが必要になる

手首のタメをキープすると、カラダが開いて振り遅れるカット打ちになる

手首のタメを意識すると、上から打ち込む動きになって逆に飛ばない

直線スイング検証③

「腰のキレ」で飛ばす

円スイングの失敗

回転を早めると左腰が引けてカット打ちのスライスに

アマチュアに最も誤解が多い飛ばしのテクニックは、腰のキレではないでしょうか。

ダウンで腰を鋭く回転させることで、スイング全体のスピードアップを図って飛ばすということですが、これも「円スイング」のイメージではカラ回りになりがちです。

問題は、腰の回転を意識すると、大抵は地面と水平に回すイメージでどんどん左腰を引いてしまうことになるからです。これでは上体とクラブのしなり戻りも生かせず、振り遅れやカット打ちにしかなりません。

また、腰の水平回転は上体を起こすことにもつながり、前傾角度を崩す要因にもなります。こうなると、インパクト前にカラダが開いてしまい、力強くボールを捕らえることはできません。

この動きのまま、ボールをうまく捕らえるには手の動きで細工することが必要になります。ダウンで手元を無理に引き下ろしたり、シャフト

を寝かせる動きでカット軌道を補正しようとするわけです。もちろん、これらは悪あがきにすぎず、安定したショットは望めません。

根本的に、腰の回転運動がスイングをリードする意識を持つ限り、この悪循環は止まりません。重心の直線運動をベースに、腰の回転は結果の動きとして捉えないと、いつまでたっても「腰のキレ」と「腰の開き」の違いを理解できないまま、ミスショットを重ねることになります。

ダウンで腰が開くとクラブが下りる前に
手が前方に出てしまい、カット軌道になる

ダウンでの腰の回転を早めようとすると、上体が起き上がり、
カラダがインパクト前から開いてしまう。これではカット打ちになるだけ

直線スイング検証③

「腰のキレ」で飛ばす

直線スイングの正解

前傾姿勢をキープすれば、腰は「直線的に入れる」でOK

下半身や体幹の大きな筋肉を生かして飛ばすには、腰の動きも直線的に考えるのがベターです。

ここで大切なのが、股関節の役割を理解することです。アドレスでは股関節から上体を前傾させることが基本ですが、この意味は股関節の可動域を決定し、重心の直線運動に呼応して腰を回転させ、その限界点で受け止めることで上体のしなりのエネルギーを生かすことにあります。

言葉だけではわかりにくいと思うので、次の動きを試してみてください。直立した姿勢から、スタンス幅分、足を広げます。前傾はせず、ヒザも伸ばしたままでOK。そのまま、

×

前傾せずに腰を回転させた状態から、前傾姿勢に移ると、腰が引けて開いているのがわかる

腰を左右に回転させると、上体も同じように左右を向きます。

その左右を向いたままで、アドレスのように前傾してみてください。右を向いたポジションでは右腰が引け、左を向いた場合は左腰が引けてしまうのがわかると思います。

次に、元の前傾をなくした姿勢から、腰を左右にスライドさせてみてください。右にスライドすれば右腰が切れ上がり、左へなら左腰が切れ上がる。これが本当の「腰のキレ」なのです。

この感覚と動きをアドレスの前傾姿勢で実行すると、腰の右スライドで股関節が腰の回転を促し、腰は前傾角度を保ったまま、限界点で止まります。これが「右腰を入れる」といわれる動きです。ダウンの左スライドでも同様になり、腰は「開く」のではなく「入る」感覚でキレが生じることが理解できるでしょう。

重心移動を意識して腰を左右にスライドさせると、腰が切れ上がる

腰のスライドをイメージして前傾すると、腰が左右に「入る」ことでキレを生む感覚がつかめる

直線スイング検証④

円スイングの失敗

「大きなアーク」で飛ばす

腕をカラダから離してしまうと実質的なアークは半減する

スイングのアーク（弧）は大きいほど遠心力が働いて飛ぶ、というのも誤解されやすい飛ばしの要素です。確かに、スピードが乗ってヘッドが走るほどアークは大きくなりますが、これをヘッドの円運動で表現しようとするのは間違いです。

大抵の場合、アークを大きくしようと意識した人は、腕をカラダから離して、手元を体幹から遠ざけようとします。ですが、これではカラダの動きと腕の動きが分離してしまい、エネルギーの伝達効率が激減します。

クラブの動きが本来の体幹にあるスイング軸から切り離されるため、手元がスイング軸になると考えると

ヘッドの円運動から大きなアークをイメージすると、
手元を体幹から遠ざける動きになりがち。これでは腕とカラダの動きが分離してしまう

わかりやすいでしょう。

　実質的なアークの半径はクラブの長さ分、つまり本来の腕の長さを含んだアークの半分になってしまい、遠心力は激減してしまいます。

　また、手首が伸び切ってしまうため、打球衝撃を支えきれなくなり、当たり負けも生じます。大きなアークのイメージは、逆にヘッドの動きを阻害してしまうのです。

手首を伸ばし切ってインパクトすると
当たり負けてスライスになる

直線スイング検証④

「大きなアーク」で飛ばす

直線スイングの正解

アドレス時に作った「半径」を縮めなければアークは最大に

腕とカラダの動きが一体となる「直線スイング」では、スイング中にアークの半径を伸ばすイメージ自体がNGです。

全身を効率よく使う場合のクラブの支点は、頸椎の辺りになります。つまり、アドレス時の頸椎とヘッドの距離が、アークの最大の半径としてすでに用意されているのです。

アークを大きく、というのはこのアドレス時の半径を、スイング中に縮めないようにすることです。力んで肩を吊り上げたり、ヒジを曲げてしまうといったことを注意するためのポイントであり、腕をカラダから引き離してまで余計に半径を長くす

カラダの動き以上に腕でクラブを高く振り上げるとダウンで振り遅れる原因になる

ダウンで手元がカラダから離れると、手先の動きでヘッドをボールに合わせる弱い打ち方になる

る意味合いではないのです。

第3章で詳しく説明しますが、腕をカラダから離してバックスイングすると、ダウンで腕を意識的に引き下ろす必要が出てきます。このタイミングが遅れると、振り遅れのミスが発生します。

また、ダウンで腕がカラダから離れた場合は、手先の動きでクラブを振る合わせ打ちでしかボールを捕らえられなくなります。器用に当てられたとしても、カラダで出力したエネルギーはほとんど伝わらず、弱々しいミスショットになるでしょう。

なるべく腕はカラダの動きと一体化させる。これを「腕をカラダにコネクトする」といいますが、それが求心力を生むことになり、ヘッドの遠心力を最大限に引き出すことにつながります。結果、ヘッド軌道のアークは最大になるのです。

アドレス時の頸椎とヘッドまでの距離が最大アークの半径と考える。これ以上、スイング中に伸ばさない

手元と頸椎の距離を変えないイメージが、アークの半径を維持し、遠心力を最大限に引き出す

直線スイング検証⑤

「リストターン」で飛ばす

「フェースに当てる」意識ではバラツキが収まらない

リストターンでヘッドを走らせて飛ばすというのも、クラブをスイング軸の周りで円く振る意識と密接な関係にあるテクニックです。

クラブを腕でインサイドに振り上げるイメージでは、フェースを開いていく動きも手元で感知し、ダウンスイングではそれを閉じていく動きを入れていく必要が出てきます。

このフェースを閉じながらボールを捕らえていく感覚は、ヘッドを走らせている、しっかり叩いているといった手応えが伝わってくるため、気持ちのいい充実感があります。ですが、実際には手打ちの一種であり、カラダのエネルギーを伝え切れない

ヨコ振りでターン ダウンで手元を減速させ、ヘッドの走りとフェースターンを促す

引き下ろしでターン 寝かしたクラブを、手元を引き下げてひっくり返すように叩く

手元を引きつけてヘッドを走らせて叩くと、充実感は出るが飛ばない

ので、本当の飛距離アップにはつながりません。

また、フェースターンのタイミングがズレやすく、ミート率や方向性が低下することも否めません。

根本的には、ボールに「フェースを当てる」意識があることが問題です。重心移動でエネルギーを乗せたヘッドで打ち抜く意識であれば、ボールはヘッドの通り道にあるだけで、フェースを操作して当てるイメージは不要になります。

直線スイング検証⑤

「リストターン」で飛ばす

直線スイングの正解

「ライ角を維持する」だけでヘッドはスムーズにターンする

「直線スイング」でも、ヘッドターンはボールに効率よくエネルギーを伝える上で欠かせない動きです。

ただし、これは意識的に操作する動作ではなく、スイング中に前傾角度をキープし、手元がカラダから離れないように振るだけで実現できる、結果的な現象なのです。

具体的なイメージとしては、アドレス時のクラブのライ角を維持することです。これは、インパクトで手元が浮かず、腕とシャフトが作る角度がアドレス時より開きすぎないようにするのがポイント。

スイング中、カラダの正面から手元が外れず、インパクトエリアでグリップエンドがスイング軸を指すイメージでヘッドが慣性に従って走れば、そのポジションに応じたスムーズなフェースターンが促されます。

手でクラブをリリースしようとすると、重心移動でリードしても手元が浮き、ヒジから先のリストターンが大きくなってしまいます。クラブ

は地面（ボール）に向かって振るのではなく、目標方向に向かってエネルギーを乗せて押していくイメージを思い出せば、手元はカラダの近くで低く動き、浮かなくなります。

ダウンで手元が浮くのは、地面（ボール）に向かってリリースしている証拠。ヘッドターンが大きくなる

目標方向にクラブを「押す」イメージなら手元が浮かず、ライ角を維持した必要十分なヘッドターンを得られる

直線スイング検証⑥

「ハイドロー」で飛ばす

円スイングの失敗

「伸び上がり動作」ではアイアンショットがボロボロに

飛ばしの理想的な弾道として、ハイドローを取り上げるレッスンも多く存在します。

ドロー回転のかかった打球はバックスピン量が抑えられ、吹き上がりません。これを高く打ち出せれば、大きなキャリーとランを稼げるので確かに飛距離は伸びるでしょう。

ですが、円イメージでアッパー軌道を作るには、スイング軸を右に傾けたり、ボールの後方に頭を遠ざけることがポイントになります。ボールが地面にあればダフってしまいますが、ドライバーでは高くティアップできるのでなんとか打てます。

このままではインサイドからヘッドが入るため、フェースが開いて押し出しやスライスになります。そこで手で無理に返すと、大フックやヒッカケになります。

これのひとつの解消法として「伸び上がり動作」を取り込む手段があります。バックスイングで沈み込み、フォワードスイングで伸び上がりな

ながら打つ。すると、左サイドが止まるため、ヘッドが走ります。

　また、フォローで腕がタテ振りになる分、フェースターンが適度に抑えられ、フックではなくドロー止まりの捕まり具合になります。

　一見、うまく飛ばせそうですが、スイング軸が動くためミート率は不安定に。また、アイアンがダフりやすいため、スコアになりません。

頭を残すアッパー軌道はフェースが開く

無理に腕で返すとフックやヒッカケのミスに

「伸び上がり動作」でヘッドを走らせると、押し出しとフックの中間的なハイドローが打てるが、常にミスショットと紙一重

直線スイング検証⑥

「ハイドロー」で飛ばす

直線スイングの正解

左肩の開きを抑えたままクラブのリリースを促す

重心の直線運動をベースにしたスイングなら、ドローとフェードの打ち分けはダウンスイングのアレンジだけで可能です。

大きなフックやスライスではなく、エネルギーの乗った強いドローやフェードを打つには、インパクトでのボールの捕まり具合を微妙に変えるだけで十分です。捕まり具合は、ヘッドの入射角とクラブのリリースのタイミングで決まります。

入射角はダウンでの上体の開き具合がポイント。インパクトまで左肩の開きが抑えられると、入射角はレベルからややアッパーとなります。リリースのタイミングは、この上

体の開き具合との兼ね合いです。左肩が開く前にヘッドが走るよう、リリースを早めれば厚く捕まり、ドロー回転がかかります。

リリースを早めるといっても、腕は何もしません。ダウンスイングの右から左への重心移動を、少しペースダウンすればＯＫです。これだけで、上体の回転速度に対して腕の振り、クラブのリリースがわずかに早くなり、ハイドローを生む捕まり具合を実現するのです。

「直線スイング」なら、ハイドローでものけぞるフィニッシュにはならない

右から左への重心移動をペースダウンすることで、左肩が開く前にクラブをリリースするのが「直線スイング」のドロー打法だ

直線スイング検証⑦

実際は「フェースを合わせる」動作。クラブの動きにブレーキがかかる

「右手で叩く」で飛ばす

円スイングの失敗

円イメージのスイングでは、フェースの向きがインパクトで正しく戻るか、常に不安なはずです。実は「右手で叩く」という飛ばしのフィーリングを語る人は、その不安からフェース面を強く意識している場合がほとんどです。

「右手で叩く」は、いい換えると「フェースの向きと、ボールを叩く手応えを右手で感じたい」ということです。フェースを操作するため、つい右手に力が入ってしまう。そのまま打球すると、妙に強い（硬い）手応えが残るので、叩いて飛ばした気になるわけです。

実際には、ダウンでのスムーズなクラブの動きに右手でブレーキをかけていることになるので、飛ぶはずがありません。ただ、プロや上級者の中には器用にクラブの動きに従っ

クラブは何にも邪魔されず
慣性に従って動くのが
最も効率がよい

右手で握り締めるのは、飛ばしよりも
曲げたくなくてフェースを合わせたい場面

右手を使いたい場合、
クラブ本来の動きに従う
押し方ならベター

クラブの軌道を修正する
動かし方は、力のロスも大きく
方向性もダウン

て右手で押せるタイプがいて、そこそこナイスショットを放ちながら「右手で叩く」発言をする場合があるので、混乱を招くのです。

大抵のアマチュアは右手に力が入るのは、飛ばしたい状況よりも曲げたくない場面でしょう。クラブの軌道を修正しようとしたり、フェースの向きが狂わぬよう握り締めたりしています。ですが、これらの行為は逆に大きな曲がりやミスヒットを招いてしまうのです。

「右手で叩く」で飛ばす

直線スイングの正解

「手で邪魔しない」ことが一番しっかり叩ける

クラブヘッドに効率よくカラダのエネルギーを伝えるには、手元は「何もしない」イメージがベストです。

円イメージのスイングには、手元の動かし方でクラブの動きを調整する必要が出てくるかもしれませんが、「直線スイング」では重心の直線運動によって生じた慣性のエネルギーに従ったクラブの動きを邪魔しないことが、飛距離でも方向性でも最良の結果につながります。

基本的には腰の回転、上体の捻転、腕の振り、肩甲骨のスライドといったことも、重心の直線運動から連鎖する惰性の動きです。これを途中で分断するのが手や肩などの部分的な力みや、円く振ろうと腕を操作する意識なのです。

クラブの動きを手元で邪魔せず、遠心力と慣性を生かした振り方をすれば、インパクトの手応えは非常に軽いものになります。叩いた感覚が残らないほうが、実際には最も強く叩けているのです。

重心移動に合わせてグリップ部分を左右に動かすと、ヘッドが動き出す

慣性のエネルギーをリリースするクラブの動きが、最も力強くなる

第2章

強いスイングは「重心をまっすぐ動かす」

ゴルフの回転運動は直線に動く感覚から生じる

「直線スイング理論」のベースは重心の直線運動。
これがどのようにカラダの回転運動を発生させ、
力強く反復性の高いクラブの動きを引き出すのか。
身体動作の正しいイメージと感覚が
クラブの動きにどうつながるのか理解しよう。

直線スイングの絶対感覚①

直線的な重心移動で飛ばせるスイングは成り立つ

あらゆるスポーツにおいて、カラダの動かし方のイメージで最も大切なのは「出力の方向」です。

手の振り方、足の運び方などを考える前に、自分がどこに向かってエネルギーを出したいのか、どのくらいの強さ、速さで出力したいのか、ということをイメージします。

投げる、蹴る、押すといった動作でも、この方向性を意識することで自然と準備態勢や、カラダの各部の協調と連動が起こります。

ですから、ゴルフスイングの場合でも、まず「出力の方向」を考えてスイング作りをすべきなのです。

ゴルフは、はるか遠くの目標に向

カラダの重心はアドレスの姿勢で「臍下丹田」、大体ベルトのバックル辺りに位置する

かってボールを運ぶ競技です。そのボールを運ぶためにクラブを振るわけですが、このときに「目標に向かって出力する」イメージを、よく考えてみてください。

小手先を使って、クラブヘッドだけ目標に向かって動かしますか？

それでは十分なエネルギーは出せませんね。テニスのラケット、野球のバットなどで打球する場合も同様で、カラダ全体で目標方向にエネルギーを出すイメージがなければ、クラブヘッドにも十分なエネルギーが乗っていきません。

ここで「重心の直線運動」イメージが生きてくるのです。全身のエネルギーを発揮するには、カラダの重心を動かす必要があるからです。

カラダを回転させる意識を持つと重心自体も回転してしまい、パワーが分散する

重心を直線的に動かそうとすると、全身のパーツが連動して効率よくパワーを一方向に集められる

重心を動かす意識が全身のパワーを効率よく引き出す

ゴルフのアドレスでは、目標に向かってカラダはヨコ向きです。ちょうど弓で狙いを定めているのと同じような感覚です。

この構えから「出力の方向」はカラダの「右から左（左打ちは逆）」になります。では、どうやって全身のエネルギーを右から左へ集中させていくか。答えは、カラダの重心を右から左へ、直線的に動かせばいいのです。

よく野球など、棒状の長さのある道具を使った打撃系の運動では「体重を乗せて打て」といわれます。ですが、単純に体重を左足にかけたり、ボールに向かって前のめりになっても打球は伸びません。

「体重を乗せる」とは「重心を動かす」ことの表現で、重心を動かす意

スイング中にカラダを回転させる意識では、目標への指向性がまったくなくなってしまう

カラダのヨコに対して目標を定め、狙っていくのがゴルフ。パワーもこの方向にかけていく

識がカラダの各部を効率よく連動させ、全身の筋力を発揮できるようにすることがポイントなのです。

たとえば、アドレスの姿勢で、左にカベがあるとします。このカベを思いっきり強く押すにはどうしますか？　腰を回して上体をカベに向け、手だけで押してもダメですね。腰をグッとカベ側に押し込んで、脚力も生かせる体勢を取るはずです。

このとき「臍下丹田」の重心を意識して、カベに向かってまっすぐ押し込んでみてください。最も効率よく全身のパワーで押せていることが実感できるはずです。

左サイドに強く力をかけるのに、
重心が右に引けては不可能

重心を直線的に左に押し込む意識があると、
全身のパーツが連動して全力で効率よく押せる

直線スイングの絶対感覚②

体重移動と重心移動の意識はこれだけ違う

先ほど「体重を乗せる」という表現を使いましたが、第1章でも取り上げたように「体重移動」と「重心移動」はニュアンスが異なります。

「体重移動」は、カラダの重量すべてを右足に乗せたり、左足にドンと移すイメージになります。それに対し「重心移動」は、カラダの重量の中心点が移動し、それにつれて体重の両足にかかる負荷が変化する、という感覚になります。

つまり、腰の回転運動と同じで、重心移動が主で、体重の移動は従となるのが正解。体重を移すことだけ考えても、カラダの筋力エネルギーは発動しません。

投球動作でも、重心移動から始動すると下半身のパワーが生きる

上体の重量とともに踏み込んでも、下半身の筋力はボールに伝わらない

野球やドラコン大会で、一本足打法をおこなう選手を観察すると、振り上げた足を地面に向かって上からドンと踏み込んだり、上体の重量を前方に突っ込ませながらスイングしていないことがわかるはずです。

重心を左右に大きく、スムーズに動かしているだけ。結果、振り上げた足は重心移動と同時に前方に踏み出し、あとからくる体重を受け止めるのです。重心を動かすのは下半身であり、その強い筋力を引き出すのが目的なのです。

バックスイングでは、重心を右に
移動させることで体重も右に乗る

重心を意識せずに、頭を固定して体重だけ移すと腰がスエー（左）。
右腰を引くと右足に荷重を感じるが、重心も体重は移らない（右）

「荷重を感じる＝パワーが出た」という錯覚が大問題

スムーズな重心移動がパワーを引き出す、と説明しても、納得できずに反論してくる人もいます。

速い動きで左にドンと踏み込み、左サイドを止めることでヘッドが走る。これで飛ばせる、というのです。一見、理にかなっているようですが、踏み込みのタイミング次第でミート率が変わり、またカラダを傷めやすくするだけです。

筋肉の瞬発力がある人ほどロングヒッターになれるというのは間違いではありませんが、別に飛び跳ねて打てばよいというわけではないのです。全身の筋肉をうまく同調させるには、スムーズな重心移動のイメージがベスト。瞬発力が高い人は、このスムーズな動きが他人より速いというだけなのです。

それでもこういった意見が出るのは、カラダにかかる負荷（この場合は左足への強い荷重と衝撃）でスイングの達成感や充実感を得られるからです。つまり「ぶっ叩いた」「全体重をボールにぶつけてやった」という「気がする」わけです。

スムーズな正しいスイングでは、カラダへの負荷も少なく、打球の手応えも軽く感じられます。充実感はインパクトではなく、当たり負けなかった結果で得られる振り抜きのよさや、ピタリと決まったフィニッシュで感じ取るようにするべきです。

重心を前に運ぶ意識で踏み出すと
スムーズに足を運ぶことができる

体重を前にかけてから踏み出すと
ヒザへの負担が大きく、安定しない

勢いをつけて左へ踏み込んでも、反動で上体は戻ってしまう（上）。
重心移動をスムーズにおこなう意識が正しくパワーを集中させる

スイングの「回転」は直線に動く感覚から生じる

重心移動の意識で効率よく全身のパワーを出せるとしても、それをどうすればクラブのスイングの動きに変換できるのか。アマチュアをレッスンしていると、よくこの点について質問されます。

重心移動は直線、スイングは円。どこかで回転運動に切り替えなければいけないわけですが、これを無意識に可能にするのが「股関節」なのです。

股関節はボール&ソケット、つまり脚の骨の端がボール状で、腰骨の付け根のソケット状の所にはまり込んでいる構造です。結果、他の関節とは異なり、動く方向の自由度が非常に高くなっています。直立したまま腰が回転できるのも、この構造のおかげです。

股関節の動きの方向や可動域は、姿勢で変わります。足を肩幅に広げ直立した場合は、左右に腰を動かすと、ベルトのラインは傾き、股関節は切れ上がって止まります。

ところが、股関節を軸に上体を前傾しながら、ヒザをたわめて腰を落とすと、まったく違う動きになります。腰は前傾したベルトのラインに沿って回転し、股関節は斜め後方に切れ上がって止まります。

この状態をプロは「腰が入る」「腰がキレた」と表現しています。

重心とともに腰をスライドさせて左へ押し込む。これが前傾姿勢になるだけで、回転運動になる

腰の直線スライド
前傾すると
腰の回転運動に変化

クラブと腕は腰の回転運動による「慣性」で振られる

前傾姿勢が腰の回転運動を促したとして、腕を固めていたら腰の高さまでしかクラブは上がりません。フルスイングするには、いよいよ腕の出番……ではありません。

重心移動と腰の回転運動で後方に動き出したクラブには、その重量による「慣性エネルギー」が働いています。脱力した右ヒジと手首のたたみ、それと肩甲骨のスムーズなスライド運動があれば、そのエネルギーの邪魔をせずにすむため、クラブはトップまでスパッと上がります。

つまり上半身は、脱力さえできていれば、意識的には何もしなくていいのです。

ではダウンスイングはどうか。左への重心移動で、クラブは自動的に振り下ろされます。そのまま振り抜

トップやフィニッシュなど「回転運動の結果」の位置をチェックしていると、腕の動きが主体になりやすい

いてしまえばナイスショットになるのですが、大抵のアマチュアは途中で意図的にヘッドターンの動きを入れないと、うまく当たらないのでは、という不安があるようです。

それはまったくの杞憂で、スイング軸を保ってヘッドを勝手にリリースすれば、ヘッドターンは勝手に発生します。意識するとしたら、手元を浮かさず、アドレス時の高さに戻るようにすることだけでOKです。

クラブの動きは振り子運動が基本。
吊るせばヘッドターンは起きない

ライ角に沿ったシャフトプレーンの傾きがあることで
ヘッドは必要十分なターンの動きを生じる

直線スイングの絶対感覚④

クラブは回ってもカラダ、関節を回す感覚はない

この章の最後に、今まで「円く振る」動作イメージをベースにスイング作りをしてきた人が、改めて「直線スイング」を目指す場合、それを妨げる「腕を振ってクラブを動かす」感覚についての問題点を取り上げておきましょう。

一番の問題は、腕で振ってもそこそこ当たってしまうことです。カラダの動きを抑え、頭を動かさないことで軸ブレを防ぐ。その場で回転して、クラブがカラダの周りをクルッと回るように振れれば、練習次第でボールが打ててしまいます。

結果、飛ばない、曲がる、当てそこないのトップやダフリが延々と繰り返されるのです。

腕の振りが主体になるのは「ボールを打つ」ことが第一義になってしまっているからです。ボールに向かってヘッドを合わせる練習ばかりでは、目標を狙うプレーはできません。

もし腕の動き主体で目標方向に出力しようとしても、左ヒジが引けたり、脇が甘くなってミスヒットしかできないでしょう。

腕主体でクラブを円く振り上げ、円く振り戻してボールに当てる。そこそこ当たってしまうためにスイングの本質を見失いやすい

初期段階では腕の動きを極端に抑えてみるのも一手

「直線スイング」をマスターするには、まずカラダや関節を「回す」意識を排除することです。重心移動による「無意識の腰の回転」と「クラブの慣性エネルギー」を生かせば、カラダは「受動的に回ってしまう」ものなのです。

この感覚を養うためには、腕の動きを極端に抑えて、重心移動主体のスイング、素振りをおこなってみるのがオススメです。

手首の角度を固め、両脇が締まった状態で、どこまで振り上げられますか？　もちろん腕の動きではまったく振り上げられないのが正解です。重心を右に動かし、右腰が入ることでヘッドは後方に引かれ、バックルの正面、腰の高さの手前までは上がるでしょう。

最初は前傾せずに、腕を使わなくても重心移動だけでクラブが大きく動く感覚をつかむ

次にアドレスの前傾を取り、重心移動による腰の回転運動を加える。実際に打球もしてみる

その位置から、重心を左に動かして、腰の左へのターンに従ってダウン。手首の角度が崩れなければ、グリップエンドはバックルの正面から外れず、ヘッドはインパクトゾーンを走り抜けます。

左腰が入ったところでフィニッシュですが、クラブは慣性エネルギーでバックスイングのトップよりも上に動こうとし、それを抑えるのに結構力が必要なことを感じるはずです。慣れてきたら、この動きで実際に打球してみてください。意外と飛ばせることに驚くでしょう。

この練習を重ね、徐々に手首とヒジに柔らかさを出していくと、クラブの慣性エネルギーによる「振られる腕」の動きがつかめてきます。ヒジをたたもうとか、手首をコックしようと意識してはいけません。「重心の直線運動」と「クラブの慣性エネルギー」に挟まれるカラダの動きでも、特に腕の脱力は難しい部分です。根気よくトライしてください。

徐々にヒジと手首を柔らかくし、クラブの慣性にまかせて振り幅を大きくしていく。脱力が大切

第3章

「直線スイング」のイメージと実践

アドレスからフィニッシュまでのステップ・バイ・ステップ

重心の直線運動だけが真のスイングイメージ。
だが、すでに身についている円く振る意識が
スイングの過程で顔を出すと、ミスヒットになる。
スイングの流れに沿って起きやすい勘違いや
失敗をひとつひとつ取り上げ、取り除いていこう。

アドレス①
「ヘッド合わせ」からではカラダが歪みやすい

目標ラインをボール後方から確認し、アドレス位置に回り込んでクラブをボールに合わせる。これが問題

「直線スイング」では、アドレスは入り方、ポスチャーとも非常に重要です。目標に向かって出力できる、スイングできるかどうかが決まるからです。

入り方では、一般的に推奨されている「ヘッドをボールに合わせる」方法をオススメしていません。というのも、目標に対しても、ボールに対しても正しいアドレスが取りづらく、構えが歪んでしまう可能性が高いからです。

その理由を、手順に沿って説明します。まず、ボールの後方から目標を確認し、飛球ラインを確認します。ボールの前方のライン上にスパット

ポスチャーを意識しないと
カラダとボールの距離が狂う

目標を見直す際にも、カラダの
向きや前傾角度が崩れやすい

クラブをボールに合わせながらスタンス位置を探すが、
このときクラブとカラダはバラバラになっている

カラダが開いていると感じると
過剰にクローズに修正する

（目印）を見つけます。

　ここからが問題です。ボール後方からアドレスの位置に回り込み、クラブフェースをスパット＝目標に合わせます。大抵の人は、このときグリップを右手だけで持ち、その位置を動かしながらフェース向きやヘッドの座り具合を微調整します。

　そしてスタンス。左足、右足と位置を決めながら、やおら左手をグリップに添え、握り直しながらポスチャーを整えます。

　一見この流れで問題はなさそうですが、次の2点を確認してみてください。グリップ位置はフェースを合

大切なのは、まずポスチャー。これが正確にできた上で
ボールと目、ボールとスタンスの距離が合えばＯＫ

まずグリップ位置をチェック。
右手の握る位置も正確に

右ヒジの位置など、右サイドで
ボールとの距離を確認しても可

わせたときとまったく同じですか？

頭や上体の位置は、ボールからの距離が適正ですか？

そうです、クラブからボールに合わせると、カラダとボールの位置関係が不安定になりやすいのです。ボールに対してクラブ、次にカラダと当て込んでいくと、微妙に寸法が合わない分を、手元＝グリップの位置を上下させたり、腰の引き具合を変えたり、肩の向きのズレなどで吸収してしまうのです。

怖いのは、毎回アドレスが微妙に狂うことよりも、一定の歪んだアドレスで慣れてしまうことです。こうなると、常にミスショットの準備をしてしまうことになります。

この問題を解消するためには、アドレスの入り方の概念を切り替える必要があります。クラブをボールに合わせる前に、カラダとクラブが一体化し、ポスチャーが崩れない準備をしてから、ボールに構える。この入り方をマスターしてください。

アドレス②

スクエアな構え作りは「脚からセット」が正解

手首の角度がなくなると、両脇が開いて腕がカラダと連動しなくなる。これでは「直線スイング」はできない

新しい手順のアドレスは、クラブではなく「脚からセット」することになります。それには、まずクラブとカラダを一体化させるポスチャー作りが必要です。

　まず、クラブと腕、腕とカラダが一体化するポジションをつかんでください。私はこの一体化を「コネクトする」と呼んでいます。

　ポイントは「両脇の締まり」です。ここが開いたり緩んだりすると、カラダの動きと腕の動きが分離してしまいます。

　アドレス時から両脇が開いてしまう一番の原因は、手首の角度がなく、クラブと腕がまっすぐ伸びてしまう

手首を伸ばしたままだと
両脇が開き、前傾ができない。
腕とカラダがバラバラ

両脇を締めると手元はバックルの前に。
シャフトは水平になるくらいが適正。
これで正しい前傾姿勢が取れる

ことです。シャフトも含めたクラブ全体の重量を生かして目標方向に出力するには、インパクトエリアでクラブのライ角と手首の角度をキープすることは不可欠。ですから、アドレスでその角度を準備しておくことも大切なのです。

　正しいグリップ（第4章参照）をすれば、手首の角度は自然にできます。直立して両脇を軽く締め、手元がバックルの前にある状態で、シャ

クラブを頭上からタテに振り下ろしてチェック。両脇が締まり、手首が伸びなければシャフトはタテに大きくしなる

フトはほぼ水平になる。これで腕とシャフトがなす角度は130度前後になると思います。

まあ、角度の数値は重要ではなく、チェックしたいのは「これ以上クラブが下がらないよう支えられるかどうか」です。スイング中、両脇が締まってグリップが緩まなければ、手首も浮かず、スイングプレーンも崩れません。

その強さを確認する方法は、剣道のようにタテに振ってみることです。直立して背スジを伸ばし、クラブを頭上から振り下ろします。手首は固定し、両ヒジが脇腹でバウンドするぐらいの勢いでメリハリよくおこなってください。グリップが締まっていれば、手元はバックルの前で止まり、シャフトがヘッドの慣性の動きでタテしなりするでしょう。

このときの手首の角度と両脇の締まり感が「クラブとカラダがコネクトした」状態です。これをアドレスに持ち込むのです。

アドレス③

ヒップを突き出したり、腰を反らせてはいけない

前傾姿勢だけで考えると、ヒップを突き出したり
腰を反らせてしまいがち。重心移動から考えよう

上半身の基本姿勢を理解した上で、改めて下半身の構え方について考えてみましょう。

腰から前傾するというと、やたらヒップを後方に突き出したり、腰椎を反らせるように頑張る人がいますが、それは必要ありません。腰を痛めてしまうだけです。

ここでもポイントは「重心位置」の意識です。重心を両足の中央に沈ませる感覚がベターです。

直立した姿勢では、重心は両足の中央、ややカカト寄りにかかっています。この重心が土踏まずの少し前方まで移動するよう、わずかに胸を前に出します。両手を腰にあてがい、

直立姿勢から重心を土踏まず前方に移動し、腰ごと重心を沈める

腰を下げてから前傾すると、重心位置とポスチャーの関係が分離する

腕を垂らした所がグリップの適正位置になるよう、前傾を調整する

そのままの重心位置で腰を少し前傾させながら、ヒザに弾力を持たせつつグッと押し下げるのです。

順番を間違えて、腰を下げてから前傾してはいけません。というのも重心位置が優先されるからで、腰を下げても重心はカカト寄りのままになり、前傾で重心位置が前後するという後付けになるからです。これでは、斜面などでバランスよく立つことはできません。

重心を沈める前傾姿勢が取れたら、腕をダランと垂らしてみてください。そのまま正面で手を合わせると適正なグリップ位置になります。先ほどの上半身のコネクト状態よりバックルに近いようなら前傾が浅すぎ、遠すぎるようなら前傾が深いすぎです。この確認で調整し、適正なポスチャーを整えてください。

ここまで完成したら、いよいよボールへの入り方です。後方から目標ラインを確認するのは一緒ですが、スパットはボールの前後に1つ

ポスチャーに合うクラブの
位置は、まっすぐタテに
振り下ろすと見つかる

スパットを結んだ
ラインに対してスタンス、
腰、肩をスクエアに構える

ボールの前後に
2つのスパットを設定し、
アドレスの基準とする

ずつ設定します。

　アドレス位置に回り込んだら、まずはスタンスをスパットのラインに平行に合わせ、スクエアを確認。これでボール位置の左右のズレもチェックします。

　これで完成したポスチャー通りにクラブを、カラダに対してセットすればOK……ですが、ボールとの距離が合わないかもしれません。初期段階では気持ち遠めにスタンスを取り、ズレ幅を確認してから、その幅分だけ近づいて仕切り直す、という手順を踏むといいでしょう。慣れてくるとこの距離は合うようになり、足元の微調整ですむようになります。

アドレス④
骨盤を前傾することが股関節を可動させる

足場の悪いライに出くわすと、
アドレスの意識の違いがハッキリ出る

アドレスで、カラダとボールとの距離よりもポスチャーを優先するのは、「スイングの目的が「目標に向かって出力すること」だからです。目標に向かって出力できないアドレスでもボールは打てますが、それはただの球叩きであって、ゴルフではありません。

この意識の違いは、コース内の足場の悪いライに出くわした場面などでハッキリと出ます。

たとえば、極端な左足上がりのライで考えてみましょう。ボールに対してクラブを構え、上体をセット。あとはバランスを崩さないよう、下半身を動かさずに手打ちで当てる。

カラダを回す意識で構えて打つと、
下半身が伸び上がって空振りの危険性も

下半身を完全に固定し、腕だけで打つ。
ボールは打てても、飛距離は出せない

これではとりあえず難しいライから脱出できたとしても、狙った所へ運ぶショットはできません。

　ポスチャー優先だと、これがまったく変わります。まず、傾斜に沿って重心が平行に動く構えを想定します。そのためのスタンス幅、重心の沈め方ができれば、平地とほぼ変わらない、狙った所へ運べるショットの準備が整います。そこで改めてボールに対するアドレス位置を吟味し、構えればいいのです。

　打ちたいショットがあり、そのためのスイングができるポスチャーが構えの大前提です。この意識が欠如しているから、コースに出るとちょっとした斜面でもミスショットが出たり、スコア作りに苦しむ要因となるのです。

　プロのレッスンでクラブを合わせる入

最初から重心移動を考えて構えを作れば（下）、
平地と同様の力強いスイングができる（上）

り方が普及しているのは、彼らがすでにポスチャーを完成し、それを崩さずにクラブからボールに合わせていける技術を磨いているからです。ここを見逃していると、アドレスの本質を見失ってしまうでしょう。

　ついでに、斜面に合わせて重心を下げる場合のポイントも説明しておきましょう。重心の直線運動を促すのが目的ですから、股関節がうまく可動域を確保できるかどうかです。体重が一方の足にかかりすぎたり、前傾が浅くなったり深くなりすぎたりしても、股関節にはブレーキがかかってしまいます。

　この点でアレンジしやすいのは、スタンス幅とヒザの角度です。上体の前傾角度を維持したままヒザを曲げれば、腰と脚の角度だけ深めることができ、股関節も動きやすくなります。また、スタンス幅も重心移動の幅や股関節の動きを制限できます。この両者のバランスで、ほとんどの斜面は対応できるでしょう。

バックスイング①

「手からスタート」では、直線スイングはできない

重心を右に移動する前に、腕で手元やクラブをテークバックしてしまうとすべてが台無しに

「直線スイング」の始動はもちろん重心を右に動かすことです。ただ、そう意識していても、つい手元から動かしてしまうのではないでしょうか。また、手元を無意識で動かしてしまっていることに気づかない、ということもあります。

まず認識してほしいのは、スイング中にクラブと手を意識的に上げる必要はない、ということです。重心移動で生じた慣性エネルギーが、スイング軸を中心にクラブに働くためにその運動の方向が上に向かうだけで、腕で上げる意識が入り込むと、その適正な運動の枠から外れてしまうのです。

手で上げたクラブは下りない!

手からスタートすると、
腕とカラダの「コネクト」が外れ、
そのままではダウンで腕が下りてこなくなる

腕で上げると、腕で下ろさないと打てない。外から下りてスライスが出やすい

腕で下ろしてもボールを捕まえるには、スイング軸を右にズラす動きが必要

本来クラブが動くはずのプレーンより、上に外してしまうといえばわかりやすいでしょうか。腕で上げた分は余計な高さであり、これはダウンスイングで、腕を使って戻さなければボールに届かなくなります。

腕とカラダの一体化、つまり「コネクト」が外れてしまうため、腕で戻さなければダウンで重心移動、カラダのターンが生じてもクラブは下りてこなくなるのです。

この動きにはまると「クラブは腕を振らないと打てない」「長尺ドライバーはコックを早く解くアーリーリリースで」といった意識や考え方が必要になるのです。

重心移動主体のスイングでは、腕を意識的に使う必要は、アプローチ以外ほとんどありません。常に腕の動きは「従」でOKです。

テークバックを手からスタートしない感覚、コツがつかめれば、こういった腕で上げることの弊害を防げるようになります。

バックスイング②

「脚→胴→腕→クラブ」の順でまっすぐテークバック

テークバックは重心を動かす脚の動きからスタート。
上体はそのリードから遅れて動き出すイメージ

手を使わないバックスイングを実行するには、脚で重心を動かすイメージがベストです。

試しに、アドレスの体勢から重心を右にグッと移動させてみてください。右腰が股関節にはまって、30度ぐらいターンするでしょう。

このとき、胴体に張りを持たせて腰のターンに従えば、肩も30度ターンします。腕とクラブがそれにコネクトしていれば、クラブも30度ターンの分、後方へ引かれます。

最初の内は、わざと胴体を緩めて腰と肩が連動しないようにしておこなうと、重心を動かす脚のリードと腰のターン、それに引っぱられて遅れて動き出す肩や上体の感覚をつかみやすくなります。

次に、この動きに勢いをつけていきます。クラブに慣性エネルギーを乗せていくためです。イメージとしては「クラブを脚のパワーで後方へ放り出す」というのが有効です。使用クラブはドライバーなど長いクラブのほうがわかりやすくなります。

脚による重心移動で、クラブを後方に放り出すイメージが正解

慣性エネルギーの乗ったクラブに腕と肩が引っぱられてトップへ

×

手首を折って引きずるのはダメ

手と腕に張りを持たせてソールを引きずる。下半身の出力をクラブに乗せる感覚がつかめる

放り出す、というのはスタート時点ではある程度しっかりとクラブを支え、ヘッドが勢いづいた（慣性エネルギーが乗った）途端に上体、特に腕の力を抜きたいからです。

　このマスター法として、ソールを地面につけた状態から、少しヘッドを引きずってみるといいでしょう。このとき、手首が折れてはいけません。手元と腕に張りを持たせ、コネクトを崩さないから脚のパワーをクラブの動きに伝えられるということを実感してください。

　この方法で、ヘッドが地面から離れた瞬間、シャフトのしなり戻りも相まって、ヘッドが加速し、勝手に後方に走り出します。このクラブの勢いに、腕と肩が引っぱられることでトップに向かうのです。

　右ヒジのたたみ、手首のコック、左肩の入り（左肩甲骨のスライド）。すべてがクラブの慣性エネルギーに、脱力して従うことで必要十分な動きとなるのです。

バックスイング③

下半身でのリズム取りが順番成立のカギ

肩から先をトップの形にしてアドレス。腕の余計な動きを排除できる

脚による重心移動と腰のターンで、肩から先に慣性エネルギーが乗ることで、トップに納まる

テークバックの始動のイメージがつかめても、トップまでに動きが不安定でバラついてしまうという人も多いでしょう。特に今まで腕の動きに頼って振り上げていたとしたら、クラブの慣性エネルギーに従って動くことには、なかなか馴染めないと思います。

そこで、下半身でリズムを取るだけでトップに納まる動きを感じるために、肩からクラブまでをあらかじめトップの形にして、バックスイングしてみましょう。

アドレスの姿勢から、ヘッドが正面に上がるよう手首をコック。左ヒジを回しながら右ヒジを右脇腹に引

クラブの慣性とトップの大きさの
関係は左手だけで振るとわかる

ゆっくり上げて慣性エネルギーを抑えると
左腕は水平より上がらなくて正解

クラブが水平になるほど振り上げられるのは
左脇が開いているか、左ヒジを緩めている

き寄せ、シャフトが飛球ラインと平行になるようにします。

この体勢で、重心移動から腰のターンを入れていくと、肩から先の一体化した部分に慣性エネルギーが乗り、左肩が引っぱられてトップに入ります。クラブや腕が余計な動きをせず、おとなしく正しいトップに納まる感覚がつかめます。

この動作で、最後に肩が入る感覚は非常に大切です。「直線スイング」では、腰のターンは股関節が勝手に促すので「回す」意識はありません。また、肩も「回す」のではなく、クラブの慣性エネルギーに引っぱられて動くだけなので、左肩甲骨がスライドして外側に動くことがポイントです。

クラブの慣性エネルギーがないコンパクトなトップ(左)と、
慣性エネルギーがかかる実際の動きのギャップを確認(右)

つまり、肩甲骨を動かす筋肉が柔軟なほど肩は深く入り、硬いほど浅く入るのが正解なのです。硬いのに無理をして肩を入れようとすると、下半身と上半身のコネクトが切れてしまい「直線スイング」にはなりません。

この違いを理解するには、左手だけでクラブをゆっくり振り上げてみることです。クラブに慣性エネルギーを乗せず、どこまで動けるかを見極められます。

重心を右に移動し、腰が30度ほどターン。左肩を右に押し込んでコックをフルにしたとしても、シャフトは天を指して立っている状態。左腕は水平より上がらないでしょう。もし上がるとしたら、左脇が開いているか、左ヒジが緩んでいるはず。

このコンパクトなトップを大きくするのがクラブの慣性エネルギーであり、肩甲骨周りの筋肉の柔軟性なのです。大きなトップで静止状態になれるのは、間違いです。

バックスイング④

本当はすごく小さい「手・腕の稼働範囲」

カラダを回転しないと、手元はV字軌道を描く。
だが、それはタテ幅の大きなものではない

クラブの慣性エネルギーで引っぱられて腕が動く感覚を邪魔する要因として、手と腕の動く幅のイメージがあります。

本来手元は、カラダのターンが一切ない状態でチェックすると、胸の前でV字軌道を描きます。プロはもちろん、レッスン書を多く読んでいるアベレージゴルファーにも結構理解している人はいますが、問題は、このV字の幅をあまりにもタテ長に大きくイメージしている場合です。

アドレスの姿勢から上体を起こして直立した場合、手元はバックルの前にきます。ここから右肩の上に上げてトップ、左肩の上に上げるとフィニッシュとなるイメージ……では、振り幅が大きすぎるのです。

　このイメージで振り上げるには、クラブの慣性エネルギーだけではなく、腕の力が必要になります。結果、腕で振り上げたことになり、振り下ろす際にも腕で操作しなくてはなりません。

手元を高く上げて、前傾し腰を入れてトップに。
クラブがスイングプレーンから外れる

　トップでクラブがループ（8の字）を描いているような人は、まさにこのパターンです。適正なスイングプレーンの上から外れたクラブを、ダ

ダウンで合わせるには、手元で操作する必要が出てくる

ヘッドのV字は大きくなるがヨコ長のイメージに。
手元の動きは非常に小さくて正解

ウンでは手元を低く下げてインサイドからヒットするために、シャフトを寝かせる動きを加えるようにするのです。

この動きは、途中で入る腕のひねりやヘッドを返して打つ充実感で、しっかり打てている錯覚を生じやすくし、なかなか直りません。

「直線スイング」では、このV字は非常に小さくなります。手元はバックルの前から右ヒジを軽く曲げてコックし、ヒジの正面に上がるくらいでトップ。フィニッシュも、左ヒジを軽く曲げて左ヒジの前。動きの幅として、20センチずつぐらいです。

これでもクラブを持つと、クラブヘッドは十分に大きく動きます。そしてこれが、カラダと腕のコネクトを崩さない限界の大きさなのです。

これでは手が肩の高さまでも上がらないじゃないか、と思うかもしれません。ですが、それが正解。手は、肩の高さより上がらないイメージで振るべきなのです。

バックスイング⑤

「手は肩より上がらない」が慣性を生かす正しい感覚

手は肩より上がらない、ということがピンとこないかもしれません。ですが、クラブの慣性エネルギーを効率よく生かすには、この感覚を養うことは絶対必要です。

この感覚は、上体を起こしたポジションでのことです。この体勢では腰も肩も水平にターンしますが、トップで左腕は両肩の回転面と重なるだけで、手元もクラブもその面の上にははみ出しません。これが「腕で上に上げない」ということです。

ダウンでは手元がバックルの前に下り、クラブヘッドは胸の前を走り抜けます。そのままフォローではクラブに引っぱられて、右腕が両肩の

直立すれば、手元もクラブも肩の回転面より上には出ない。
スイング軸を前傾させているから、肩より上がって見える

回転面に重なります。ここでもクラブは、その面より上には出ません。
クラブにかかる慣性のエネルギーは、ヘッドだけでなくシャフトにも同じ方向性を持って乗ってきます。これがよくレッスンで「シャフトプレーンに沿って振るべし」といわれている理由ですが、このプレーンは、バックルの高さで手元が止まっている場合にしか描けません。

クラブの慣性エネルギーを滞らせることなくスムーズに振り進めると、脱力した腕なら右ヒジがたたまれていきます。結果、慣性エネルギーがクラブとシャフトをシャフトプレーンに沿って上げていこうとするのを、右ヒジと左肩を支点に上がる手元が、やや上のプレーンにスライドさせるのです。

クラブにかかる慣性エネルギーはスイング軸と直角の面で動くときに最大になります。遠心力と考えてもらってもいいでしょう。ですから、上体を直立させると、手が上がる高

さまでしかクラブが上がりません。両肩の面というより、スイング軸に直交する平面にシャフトが立って交差したり、手元が乗らずに上下に位置したりするのは、慣性の動きを邪魔していることになるのです。

このクラブと腕の動きのまま、通常のアドレスの前傾を取れば、腕の動く面も斜めになるため、肩より高く上がって見えるだけです。肩の回転面をタテ回転させてボールに届かせる意識も、間違いです。

肩の回転面にクラブを乗せようとして、両肩をタテに動かそうと上下動させる意識は本末転倒。肩を動かすこと自体も不要だ

バックスイング⑥

コックは「勝手にできる」からタイミングを意識しない

左手だけで振り上げていくとコックのタイミングはつかみづらい。右ヒジのたたみと連動するからだ

バックスイングでの注意点は、腕の動きを意識しないことに尽きますが、それでも「コックの入り方」は気になるかもしれません。

過去のレッスンでも、アーリーコックやレイトコックというように、早めに曲げ切るべきか、トップ近くでセットすべきかで論争がありました。ですが「直線スイング」の観点に立つと、これは不毛な議論です。

重心移動で動き出したクラブの慣性エネルギーに従って、バックスイングの途中で右ヒジがたたまれると同時にコックは勝手に入っていきます。このタイミングはクラブの重量や長さ、重心移動のスピードや幅に

右ヒジを後方や上に引いてしまうと
コックが入らず、アークも縮む

右手首がこわばると、コックが
入らずクラブがプレーンから外れる

よって、自然と変化していきます。

注意すべきは、クラブの動きを阻害することです。そのポイントは右手首と右ヒジにあります。

テークバックのスタート時点ではある程度、手首や腕に剛性感を持たせて下半身の動きに連動させる必要がありますが、クラブが慣性で走り始めているのに右手首をこわばらせていると、クラブがプレーンの外側に外れて上がってしまい、コックがうまく入らず、トップでシャフトが天を指してしまいます。

また、その外れ方を嫌って右ヒジを後方へズラしてインサイドに上げるようにするのもNG。コックが入らなくなるばかりでなく、スイングアークも縮めてしまいます。

コックが適切に入るようにするには、右手首を柔らかくすることが第一です。テークバック初期の剛性も、グリップと左手首はしっかりすべきですが、右手首だけは甲側、親指側に対して自由に動く柔らかさをキー

クラブの慣性エネルギーを右ヒジのたたみで上に向かわせることで、左手首が「しなる」

プしておいてください。

　ここまで準備しても、コックがうまく入らないとしたら、手元の浮きをチェックしてみてください。右ヒジをラクにたたむつもりが上や後方に引き込む動きになっている場合、手元が引き上げられてしまい、コックがうまく入りません。

　この修正には、手元を低く引くようにすることです。後方へクラブを放り出すイメージを思い出してください。

　また、コックは曲げるというより「しなる」イメージで捉えるのも有効です。曲げて伸ばすのではなく、しなってから戻るものと考えると、より慣性の動きをうまく生かせるようになるでしょう。

切り返し①

「振り遅れはスライスに」は円イメージによる勘違い

ダウンで下半身リードの
間を取ろうとして
腕が浮くと、振り遅れる

腕が浮いたトップからは、腕で下ろさないと当たらない。スライスの原因になる

トップでの切り返しは、慣性エネルギーを正しく生かせるかどうかの分岐点です。ここでしくじると、パワーをロスして飛ばなくなるだけでなく、あらゆるミスヒットの原因となります。

切り返しで重要なのは、クラブの慣性エネルギーの方向をバックスイングからダウンスイングへと、正反対の流れにすることです。それには一旦、クラブの慣性エネルギーを使い切ってからダウンの重心移動で動かすのがベストです。

慣性エネルギーを使い切るというのは、トップに向かって腕を引っぱり、肩を引っぱり、シャフトをしな

フェースを返そうとして左腰を
引いても、スライスは直らない

左肩を引き上げて手元を止めても
ヘッドは走るだけで返らない

浮いた腕からカット打ちを避けようとすると、
ループ軌道を描いてしまう

らせて、これ以上行かない所までヘッドを行かせることです。これが完了する直前に、左への重心移動をおこなうと、胴の捻転と左肩甲骨のスライドに最大の負荷がかかり、体幹のパワーを最大限に引き出せます。

　この場合、切り返し近辺では相対的にクラブの動きはゆっくりになります。減速してトップに納まり、切り返し後に加速に変わります。もっとも、肩から先が脱力していれば自然にできる動きなので、それほど意識する必要はありません。

　怖いのは、脱力を意識しすぎてトップで腕を浮かしてしまうことです。ダウンを下半身でリードしようとして、腕から先をトップで置いて

浮いた腕を右ヒジの絞り込みで引き下ろしてもヘッドが上から入り、スライスは止まらない

けぼりにしようとすると、このミスにはまります。

　腕が外れたトップは、カラダとのコネクトが切れているため、ダウンの重心移動と連動しません。結果、腕の振り遅れによるスライスなどのミスが生じるのです。

　この振り遅れに対処しようとして、腕で強く振り下ろして打ってもスライス。それを嫌ってループを描いたり、右ヒジを絞り込んでインサイドから打とうとしたりしますが、フェースが返る要素がないため、スライスは直りません。どんどん各部が合わせる動きになり、スイングがツギハギだらけになってしまいます。

　フェースを腕で合わせたがるのは、まだ円で振るスイングイメージがあるからです。切り返しで腕が浮いて外れることが振り遅れスライスの原因ですから、まずは腕を浮かさない切り返しを目指すべきです。そうすれば、どれだけ下半身が先行しても振り遅れは生じないのです。

切り返し②

慣性、遠心力を使えないと効率よい切り返しは不可能

クラブの慣性エネルギーの方向と重心移動の方向を拮抗させることでパワーを蓄える

腕が浮かなければトップで一旦静止するイメージがあってもいいのかというと、それは微妙です。

バックスイングでも説明したように、腕と肩はクラブの慣性エネルギーで深いトップに到達します。このとき切り返す直前は静止するような感覚になるかもしれませんが、すでに下半身はダウンの動きに入り、重心を左へ移動しようとしていなければいけません。

クラブがトップへ向かって腕を引っぱっている間にスタートするから、背中や肩甲骨周辺の筋肉を十分に引き伸ばし、パワーを十分に発揮できるダウンスイングへと移行でき

トップで止める
イメージでは
スイングの途中から、
カラダのどこかを
緩めてしまいやすい

るのです。

　スイングをビデオカメラなどでチェックするとよくわかるのですが、トップで止めるイメージの人ほど、切り返しでカラダのどこかを緩めてしまう傾向があります。これでは、重心移動によってパワーを引き出す流れが途切れてしまうのです。

　といって、このタイプのスイングをしている人に、トップで止めるなというと、打ち急ぎのミスになります。トップで緩めるクセが残ったままだからです。

　大事なのは、カラダの各部を緩めない、つまりコネクトをキープするということです。コネクト状態であ

クラブの慣性エネルギーと
筋肉の柔軟性でトップの深さは決まる

クラブの引っぱる動きで
右股関節のテンションが
最も強まったら切り返す

れば、トップで止める、止めないといった意識は不要になります。

　ドライバーの場合、トップへ腕が上がっていく最後の段階で、左肩甲骨が外側にグーッとスライドしていきます。すると右股関節周辺のテンションが最も強くなります。これを感じたら、スーッと左への重心移動をスタートすればいいのです。

　この瞬間、筋肉の柔軟性が高い人は、さらに腕とクラブが深く入るかもしれません。逆に低い人は、即切り返してフォワードスイングになるでしょう。

　要は、右への重心移動が終わる＝右股関節のテンションがマックスになったら、ダウンのスタートを切る。その段階でのクラブや腕の位置が止まるか止まらないかは意識しない、ということです。

　トップは形が大切なのではなく、ダウンで目標方向に出力できる体勢を整えることがポイント。意識は上体よりも下半身に置いてください。

切り返し③

「肩甲骨のスライド」が切り返しイメージのカギ

切り返しで重要な、肩甲骨の役割をもう少し詳しく説明しましょう。もし肩甲骨がスムーズに動かなかったら、という逆説から考えるとわかりやすいと思います。

よく「トップでは腰は45度、肩は90度回転するのが目安」といわれますが、これは肩甲骨が動かないと不可能です。腰は股関節の働きで30～50度は回転できますが、その腰に対して背骨は全体でも5度ぐらいしかねじれません。ウソだと思うなら、イスに座って腰を固定したまま、胸を張って左右の肩甲骨を背骨に引き寄せ、背骨を軸に胸を左右に回してみてください。驚くほど動けないこ

肩甲骨の動きが足りないと、クラブのリリースが早まってパワーロスに

左肩甲骨のスライドで、左の背中が広いダウンならパワーが逃げない

とがわかるでしょう。

腰に対して45度以上も肩を回せるのは、左右の肩甲骨がそれぞれ外側や内側にスライドするからです。先ほどのイスに座った姿勢で、右肩を左手で持ち、肩甲骨のスライドを意識しながら右肩を後方に引いて回転してみてください。カンタンに45度以上回るはずです。

スイングでも、この感覚は大切です。バックスイングとダウンスイングでは、左肩甲骨を外側にスライドさせ、背中の左半分が広いイメージを持つと、パワーの蓄積された切り返しになります。

逆に、バックスイングで左肩甲骨周辺がこわばり、ダウンでも早く背骨側へ引き込まれるようでは、クラブのリリースが早まってしまい、パワーをロスしてしまいます。

「直線スイング」では、肩も回転イメージで捉えるよりは、肩甲骨の直線的なスライドのイメージを持つほうがベターです。クラブの慣性エネ

クラブのリリースが始まるまで、
左肩甲骨と背骨の
開いた間隔はキープされる

ルギーに引っぱられて腕が上がるときに、左肩甲骨が外側、右肩甲骨が内側に直線的にスライドすると、腕とカラダのコネクトを崩さずに、スムーズに深いトップが作れます。

ダウンでは、左への重心移動がスタートしても、この肩甲骨のスライド状態はキープ。切り返し後のクラブに逆方向の慣性エネルギーが乗ってリリースが始まるまで、背中の左半分は広いままが正解です。

切り返し④ 「飛ばしの時間差」はこうして作られる

歩いている途中でパッと跳ぶような切り返しは
スイングのパワーロスを生じるだけ

先ほど、トップで止める意識は不要と述べましたが、暴れるような慌てた切り返し方は問題です。

トップで緩ませないとか、上半身と下半身の捻転差・時間差で、体幹の大きな筋肉をねじるほど強いパワーが出る、と思い込んでいるタイプに多いのが、腕を上げていく動きと左に踏み込む動きを同時におこなう切り返しです。

一見パワフルに見えますが、カラダへの負担が大きく、ミート率が不安定になります。慌しい動きになるため、目標方向への出力というスイングの目的にも沿いません。

切り返しで大事なのは、出力の方

腕を上げる動きと左に踏み込む動きを
同時におこなう切り返しはナンセンス

左サイドを伸ばしてクラブを
下げないと、間に合わなくなる

向を正しく捕らえることです。たとえば、道を歩いていて左に曲がる場合、目標を意識し、カラダの重心移動をスッと方向転換するだけで、スムーズに歩き続けられます。

ところが、慌てた切り返しの場合は、いきなり踏み込んでパッと左に跳ぶようなものです。着地後、改めて歩き出す体勢を整える必要があります。スイングでは、インパクトで合わせる動き、調整が必要になるということです。

実は、左へ踏み込みながら「腕を上げる」という時点で、クラブの慣性エネルギーを無視した「腕で上げて、下ろす」動作がスタートしているのです。この時点で腕の振り方に頼る、悪くいえば「手打ちスイング」になっているのです。

腕を動かすスイングには「振っている」という充実感、満足感があります。ですが、そのフィーリングがショットの結果と一致するわけではありません。

右股関節のテンションが
最大になったら、意識は
「目標に向かって出力」

歩きの方向転換と同じように、
目標方向への意識だけで
スムーズに切り返すのが正解

最も効率よく全身の筋肉のパワーを引き出したかったら「目標への出力」に意識を集中してください。歩いているときに、腕の振り方や足の運び方など考えず、もちろん重心移動も意識しません。「目標に向かって進む」というだけのはず。スイングも同様に、最終的には重心の左への直線運動も忘れた状態になるのが完成形です。

目標を狙うだけで、カラダの各部が効率よく働き、重心移動とクラブの動きの時間差＝パワーの蓄積を促す。それには、切り返しでバタバタする必要はないのです。

ダウン～フォロー①

「カラダの正面で捕らえる」は胸が右に向いたまま？

腰と肩を正面に向けたまま、
腕とクラブを
振るイメージは間違い

ダウンスイングが始まれば、フィニッシュまでは1秒もかからない動きです。その短時間に、途中で動きを修正することなどは不可能です。

それだけに、このエリアは、スイングの準備段階や練習時のイメージ作りが大切になるともいえます。

ダウンスイングでどうしても気になるのは、インパクトでのボールの捕まり具合でしょう。これによって飛距離、方向性、打球の曲がり具合、それらをトータルした弾道イメージが決まってくるからです。

ここから派生するのが、インパクト時のカラダの向きや手の返し方、ヘッドの軌道、フェースターンの動

クラブのフェースとシャフトに沿う板をイメージ。
これを胸の正面から外さずに振っていく

きをどう意識するか、といったことです。とりあえず、順を追って考えていきましょう。

ダウンスイングは、インパクトまでは下半身の動きがリードします。そのためインパクトでは腰が左にターンした状態です。このとき、肩のターンは遅れて戻り、ほぼ正面を向くのが正解です。

ところが、腰の回転とほぼ同じように肩が開いてしまうと、カット軌道のスライスになります。これは前傾が浅く、左腰が引けてしまう場合に起こりがちです。

これを解消するレッスンとして、「カラダの正面で捕らえる」というのがありますが、これを聞いた人が肩と腰が正面を向いたところでターンを止め、クラブと腕だけ振って打とうとするのをよく見かけます。これでは逆に引っかけのミスが出てしまうでしょう。

これはまったくの誤解で、正しいイメージは「胸の正面からクラブが

×

○

インパクトのイメージは
フェースの向きを
主にしても改善しない。
目標への出力意識が大切

外れない状態で打つ」ということです。腰が左にターンしても、胸が正面を向き、クラブが胸の正面にあればスクエアにボールを捕らえられます。単純にいえば、肩のターンより腕とクラブの振りが遅れるから、カット軌道になるのです。

より有効なイメージとして、フェース面とシャフトに沿った板を思い浮かべてください。インパクトエリアでは、この板が胸の前から外れず、スイング軸を中心にドアのように動いていくイメージを持つのです。

シャフトに対する右サイドでの負荷のかけ方や、クラブ全体での目標への出力イメージとも整合性が取れるので、オススメです。

ダウン～フォロー②

ヘッドの入射角度はカラダの開き具合で決まる

ヘッドの入射角度を変えると、
ボールの曲がる方向性をアレンジすることができる

胸の正面からクラブを外さないで打つ感覚がつかめてくると、ちょっとしたアレンジでフェード、ドローを打ち分けることができます。

胸の正面にクラブがあり続けるということは、肩のターンと腕の振りがシンクロしているわけです。この状態で、ダウンで肩のターンの速度を落とす、つまり左肩の開きを遅くすると、クラブのリリースポイントがわずかにボールの手前にズレ

ダウンで左肩の開きを抑えると、ヘッドの入射角度が浅くなり、ドローボールが打ちやすい

左肩を早めに開くと、ヘッドの入射角度が鋭角になり、わずかに左へ打ち出すフェードになる

るため、ヘッドは早めにインサイドに下り、入射角度は浅くなります。

　そしてフェースターンもほんの少し早めになるため、スタンスラインより少しだけ右に打ち出されて戻るドローボールが打てるのです。

　フェードは逆に、肩のターンを早めることで、リリースポイントをボールの先にします。するとヘッドはアウトサイドというよりは、少し上から鋭角な入射角度でボールに向かいます。

　フェースターンもわずかに遅れるため、打球は少し左に出て戻るフェードボールとなります。

　肩のターン速度を変えるというと難しそうに感じるかもしれませんが、実際の意識としては「胸をバックスイング方向に向けたまま振る」「胸をすばやく正面に戻す」というだけです。

　この打ち分け方のメリットは、大きなアレンジを必要としないため、ミスが出にくいことです。肩のター

ドロー

フェード

ンと腕の動きがシンクロしている限り、ダフリやチョロといったミスヒットにはなりません。

スライスやフックのように、あらかじめ目標から外れた方向を向いて曲げる場合は、曲げ損なうと大変なミスになります。ですが、この打ち分け方ではスタンスやアドレスの向きは目標を向いています。バックスイングとトップまでの動きもストレートを打つ場合と変わりません。

ダウンでの肩と腕の動きの時間差でヘッド軌道をわずかに変え、その結果としてストレートになるはずの弾道が「左右に膨らむ」という変化を持つのです。

肩の開き具合で、打ち出しの方向が大きくズレるかもしれませんが、その場合は曲がりも大きくなるので、目標から大きく外れません。

曲がりの逆球が出る危険性も低いので、実戦では最も安全な打ち分け方になると思います。ぜひトライしてみてください。

ダウン〜フォロー③

「手を返す」アクションがスライスを助長する

インパクトで意識的に手を返そうとすると
手元が浮いてしまい、弱いポジションに

浮いた手元で打球の衝撃に負けると
フェースが開いてスライスになる

アマチュアがインパクトで一番気になるのは、フェースの向きをいかに合わせるか、だと思います。「直線スイング」ではまったく考える必要はないのですが、逆にこれを意識することでどのような弊害が起きるか説明しましょう。

インパクトでフェースを合わせたくなる考え方は、スライスやフックで悩むところから始まります。なんとかインパクトでスクエアに合わせよう、手の返し方で調整しようと思い込みます。

ですが、この「手を返す」アクションがクセモノです。ダウンスイングの途中で、手元でフェースの向きを

手元を腰に引きつけたハーフスイングで、当たり負けないインパクトを実感できる

ねじろうとしても、ヒジの位置まで影響が出るので不可能。結局、リリース時点のインパクトでキュッとひねろうとするわけですが、これを意識すると大抵の場合は手元が浮いてしまいます。

　すると、クラブヘッドを支えるシャフトと腕がまっすぐに伸びてしまい、打球の衝撃に耐えられなくなります。スイートスポットに当たらない限り、当たり負けを起こしてフェースが開き、スライスが出るという結果になります。

　つまり、手を返して捕まえるつもりが、逆にスライスを助長する結果になるわけです。打球の曲

セパレートグリップで手を返そうとすると、ヒジや腰の動きまで悪くなることもわかる

がりを抑えたければ、まず当たり負けを起こさないインパクトを目指さなければいけません。

当たり負けを防ぐには、シャフトの重量にかかる慣性エネルギーと、しなり戻りの方向を目標方向に揃え、ヘッドと一緒に押していくイメージを持つことです。

両手を少し離してグリップし、グリップエンドをバックルに引きつけた状態で、腰の高さより下で振る素振りをしてみてください。重心移動とそれによる腰のターンとシンクロして、クラブが左右に振られます。このときシャフトが後方にしなり、しなり戻りながらヘッドが走る感覚をつかんでください。

ある程度慣れたら、実際に打球してみるのもいいでしょう。しっかりした手応えと、意外な弾きのよさに驚くかもしれません。

このドリルでヘッドターンは不要だと感じられたら、ひとつステップアップできたことになります。

ダウン～フォロー④

「肩甲骨の直線運動」で腕は自然にローテーション

手元が返るのは、腕の自然なローテーションがポイント

アマチュアに対するレッスンで手を返す意識はいらない、といってもプロのスイングの連続写真などを見ると、やはり返っているじゃないか、と反論されることがあります。

私が不要といっているのは、手を返す「意識」です。「動き」自体は確かにあります。ですが、これは人体の構造上、自然にできてしまう動きなのです。

自然にできるのに、なぜヘッドが返らずにスライスが出るのかといわれれば、無意識に返さない動きをスイングに取り込んでいるからです。そのポイントも、肩甲骨の動きがカギとなります。

右ヒジを外旋、内旋してみると、右肩甲骨が外側、背骨寄りにスライドするのがわかる

まず、次のことを試してみてください。右手を前に出し、右ヒジを軽く曲げます。そのまま右肩や右腕に力を入れず、左手で右の前腕を持って、右ヒジを外側に上げたり、内側に絞り込んだりしてみてください。

このとき、右肩甲骨の動きをチェックしてみましょう。右ヒジを外側に向けると、右肩甲骨は外側にスライドし、内側に絞ると背骨寄りにスライドするはずです。

腕相撲の場合でも同様で、相手を倒す動きは右ヒジを外旋させる、つまり肩甲骨が外側にスライドし、逆にわざと負けようと引き倒す動きは肩甲骨を背骨に引きつける動きになります。

つまり、腕の外旋と内旋＝ローテーションは、肩甲骨のスライドとシンクロしているのです。バックスイングで肩甲骨の左が外側、右が内側にスライドすることで左腕は外旋し、右腕は内旋。ダウンではその動きが逆になるため、ヒジから先の部

肩が上に外れてしまうと肩甲骨がスライドせず、手元が返らない

左右の肩甲骨がスライドすることで腕のローテーションが促される

右肩が上がったトップからは、ダウンで右肩のスライドができないためインパクトで手元が返らない

ダウンで左肩が浮くと左ヒジがローテーションしないため、背中側に引けたり詰まったりする

分が自然に、スムーズに返るのです。

この動きで注意するのは、肩甲骨が上に外れてしまうことです。腕で振ろうとすると、バックスイングでは右肩、ダウンスイングでは左肩が上がりやすくなりますが、これではスライドの動きがなくなり、腕がローテーションしなくなります。これが最初に述べた「無意識に返さない動き」の原因です。

「まっすぐ引いてまっすぐ出す」つもりでも
腰のターンでヘッドはインサイドに入ってくる

ダウン〜フォロー⑤

「インサイドに振り切る」はアウトサイドに投げ出す感覚

ヘッド軌道の間違ったイメージが、腕のローテーションを阻害している場合もあります。

重心の直線運動に従ってヘッドを動かす場合、ボールの前後はヘッド軌道もほぼ直線のイメージでOKです。そのつもりでも、腰のターンが入るために、ヘッドはインサイドに上がっていきます。

ですが、ここで錯覚が生じます。ヘッドが描くスイングプレーンより目の位置は上に出ています。そのため、まっすぐから徐々にインサイドに入るヘッドの動きが、プレーンの外側（上方）に上がっていくように見えるのです。

「ヘッド軌道はインサイド・イン」というのは正解ですが、地面にその円軌道をイメージし、それに沿ってヘッドを動かそうとすると、極端にフラットすぎる軌道を描くことになります。

バックスイングでは右ヒジが引け、窮屈に感じて急激に腕で上に持ち上げてしまう逆ループ打法になってしまうこともあります。

また、フォワードスイングでもムリに左へ振り抜こうとして、カット

視界で地面にインサイド・インの円軌道をイメージすると、ヘッド軌道は超フラットに

バックスイングもまっすぐ後方に
クラブを放り出す感覚でいい

ヘッドをまっすぐかアウトサイドに
投げ出すイメージが正解

打ちのスライスになったり、右肩が突っ込んで引っかけてしまうミスも出ます。

正しいバックスイングのイメージは「クラブをまっすぐ後方へ放り出す」ことです。これでカラダと腕のコネクトが崩れなければ、ヘッドはキレイな円軌道を描いて、適正なトップに納まります。

ダウンからフォロースルーにかけては「クラブをややアウトサイドに投げ出す」つもりでいいでしょう。ライ角と手首の角度をキープしたまま、手元を浮かせず、クラブの慣性エネルギーに従ってリリースすれば、ヘッドは高く（外側）に抜ける感覚になります。それでも実際のクラブはスイングプレーン上を走ってインサイドに入ってきます。

フォローの視界では、ヘッドがタテ（アウトサイド）に出ていくように見えるかもしれませんが、問題はありません。錯覚と割り切り、ノビノビと振り抜いてください。

ダウン～フォロー⑥

「フェースをまっすぐに」では、ストレートボールは打てない

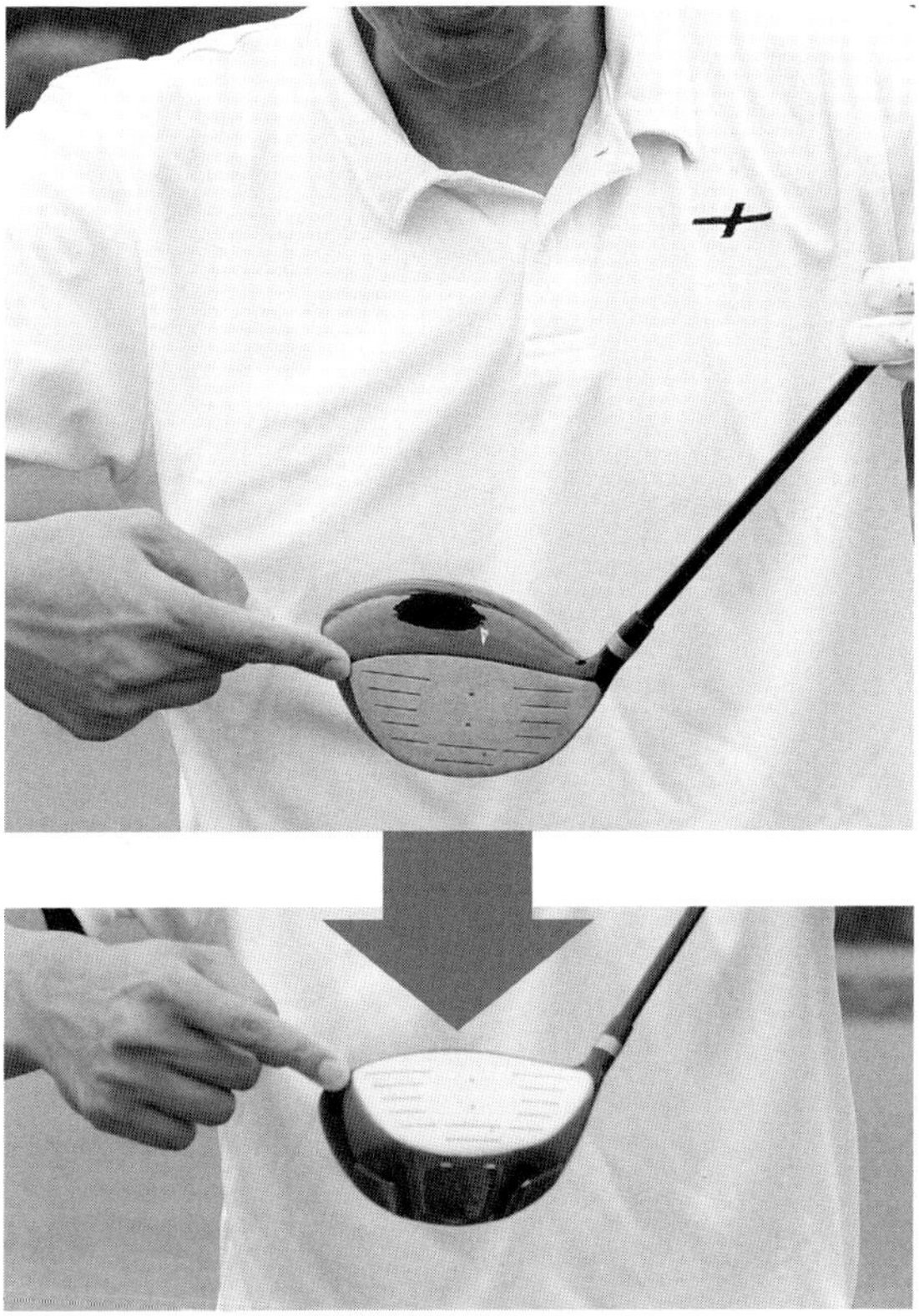

トゥ側に支えがない限り、フェースをまっすぐ動かすと当たり負けを起こす

手を返す意識は入らない、勝手に返るから。ヘッド軌道もまっすぐ引いてまっすぐ出せばいい、勝手に円軌道を描くから。これがシンプルなイメージで効率よく振れる「直線スイング」の真骨頂ですが、よりまっすぐ打つイメージとして「フェースをまっすぐに動かす」イメージはどうかと聞かれると、それはノーだと答えています。

理由は、ヘッドターンなしではボールに正しくエネルギーが伝わらないからです。シャフトがヘッドの中心を通らず、ヒール側に位置しているために、ヘッドターンでトゥ側にエネルギーを乗せなければ、当た

ライ角が小さいほどヘッドターンの
量は増え、大きいほど減る

ヘッドはプレーンに沿って動けば
自然にヘッドターンしていく

り負けを起こしてしまうのです。

といっても、急激なターンは不要です。クラブが手元を追い越していくように、スイング軸の内側にあるものより外側にあるものが早く動いて同心円を描くイメージで、トゥをヒールが追い越していく動きで十分です。

この動きも「直線スイング」では意識する必要はありません。クラブが胸の正面にあり、インパクトエリアでリリースされればヘッドの重心は慣性エネルギーに従って走ります。すると、ヘッドの重心は遠心力で常にスイング軸から遠ざかるように動きます。結果、トゥはヒールの外側をスイングプレーンに沿って動き、ヘッドはそのポジションに応じたターンの動きをするのです。

要は、ムリにフェースをまっすぐ動かそうとして、この自然のヘッドターンを邪魔しなければいいのです。まっすぐ動かすイメージでは、グリップを締めすぎたり、ヒジを抜く動きが入ったりするなど、クラブの慣性エネルギーに逆らうアクションを取り込んでしまうはずです。これではうまくボールを捕らえたとしても、飛ばすことはできません。

例外的に、アプローチではヘッドターンを抑えて、大きく振っても飛ばさないようにすることがあります。その場合は、なるべくライ角が90度に近づくよう、ハンドアップにします。ライ角がアップライトなほど、ヘッドターンの量が減るからです。同様に、フラットに振れるほど、ヘッドターンによる出力がしやすいことも覚えておいてください。

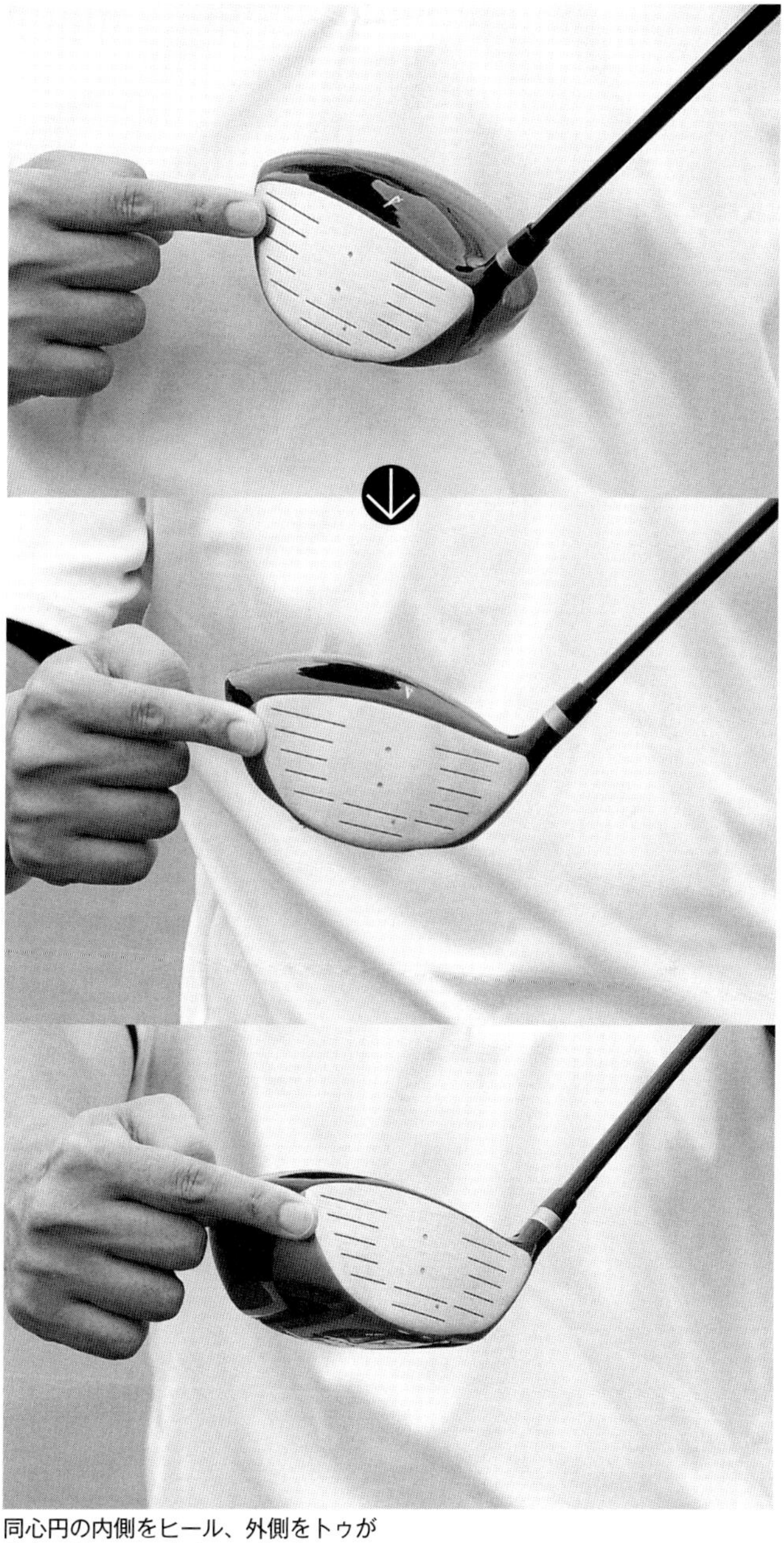

同心円の内側をヒール、外側をトゥが並んで描いていくイメージでターン

フィニッシュ①

「アークを大きく」は腕を遠くへ離すことではない

クラブを突き出そうと腕や肩に力が入ると、カラダが目標に流れる

フィニッシュまで強く振り切りすぎると、右にのけぞってしまう

高く大きいフィニッシュは結果。意識して腕をカラダから離さない

クラブの慣性エネルギーを生かしてノビノビと振り抜いたら、フォロースルーでは大きなアークを描いて高いフィニッシュが取れるイメージを持つかもしれませんが、だからといって腕とカラダのコネクトを崩

極端な手首の返しでクラブを走らせると、アークは小さくなる。こういった動きは避けたい

してしまってはいけません。

　第1章でも取り上げましたが、意識的にアークを大きくしようとする必要はないのです。手をムリに返そうとしたり、インサイド・インに円く振ろうとしてアークを縮めてしまう弊害だけを避ければいいのです。

　アークの維持は、手元と支点となる頸椎との間隔をキープすることですが、腕と肩が脱力していれば、クラブの遠心力に引っぱられて縮むことはありません。

　フォローイメージは「クラブをアウトサイドに投げ出す」と述べましたが、上体までそれを追いかけるように動くと、

手元と頸椎（スイング軸）との感覚を保てば
実質的なスイングアークは最大になる

スイングのバランスが崩れて、ショットが不安定になります。

また、フィニッシュまで速く振り抜こうすると、反動でカラダが右サイドに戻ってしまい、のけぞるようなフィニッシュになります。インパクト後なので、ショットには影響がないように思うかもしれませんが、フィニッシュの決め方次第で、その手前の動きにも準備する感覚が入り込み、何かしら変化してしまうものです。

左への重心移動を完了し、左股関節に乗り切って腰のターンを終え、上半身はリラックスしてクラブをリリースし切った状態。これが「直線スイング」のフィニッシュのイメージです。足元がぐらつくようでは、どこか上体に力みが残っています。

フィニッシュでは3秒以上静止できるバランスのよさを追求することで、クラブの慣性エネルギーをうまく使い切るスイングに近づけるようになります。

フィニッシュ②
アークの大きさはセットアップで決まっている

アークの半径はヘッドから頸椎までの間隔。
これはコントロールショットでも変わらない

第1章でも説明したように、アークの大きさはアドレスの時点で決まっています。これをフォローやフィニッシュを目指す時点で大きく広げるイメージは、スイングを壊すだけです。

アークの大きさを決めるスイングの半径は、アドレス時のヘッドから支点となる頸椎までの間隔です。このイメージで正しく振れているかどうかは、コントロールショットをしたときに明確になります。

飛距離を抑える加減をするときに腕の振り幅にブレーキをかけてしまうタイプの人は、ヘッドスピードを腕でコントロールしようとしている

カラダの動きを抑えて、腕で加減しようとすると
アークの半径を保てず、ヘッド軌道も不安定に

重心移動のテンポを落としてコントロール。
アークの半径、大きさはほとんど変わらない

ため、ヘッドの入射角度などがバラつきやすく、安定しません。

それとは別に、重心移動のテンポを落としてスイングのペースを落とし、加減するタイプは、アークのサイズが変わりません。ヘッド軌道が安定し、打球結果も揃います。

さらに飛距離を落とすスリークォータースイングなど、振り幅を抑えるコントロールショットの場合は、アークの「長さ」は短くなるのが当たり前ですが「半径」はやはり変わりません。

強く振る場合と加減する場合で、アークの半径が変わるイメージがあると、ヘッドの入り方がマチマチになってしまいます。コントロールショットでも、腕や肩は脱力したままで、下半身の重心移動に従うのが安定感を生む秘訣です。

普段から、加減スイングでも腕に頼らず、クラブの慣性エネルギーに引っぱられるフィニッシュが取れるよう、心がけるといいでしょう。

第4章

流れるような「直線」を目指すグリップ

なぜウィークグリップでドローが打てるのか

腕の力に頼らない「直線スイング」をマスターすると、ウィークグリップでドローが打てるようになる。クラブの慣性エネルギーを生かし、カラダに余計な負荷をかけない、より合理的なグリップの考え方と作り方を紹介しよう。

グリップの真実①

ウィークグリップがフック用の握り方?!

ウィークグリップ

グリップを下から支えるように左手を浅く握る。別名はスライスグリップ

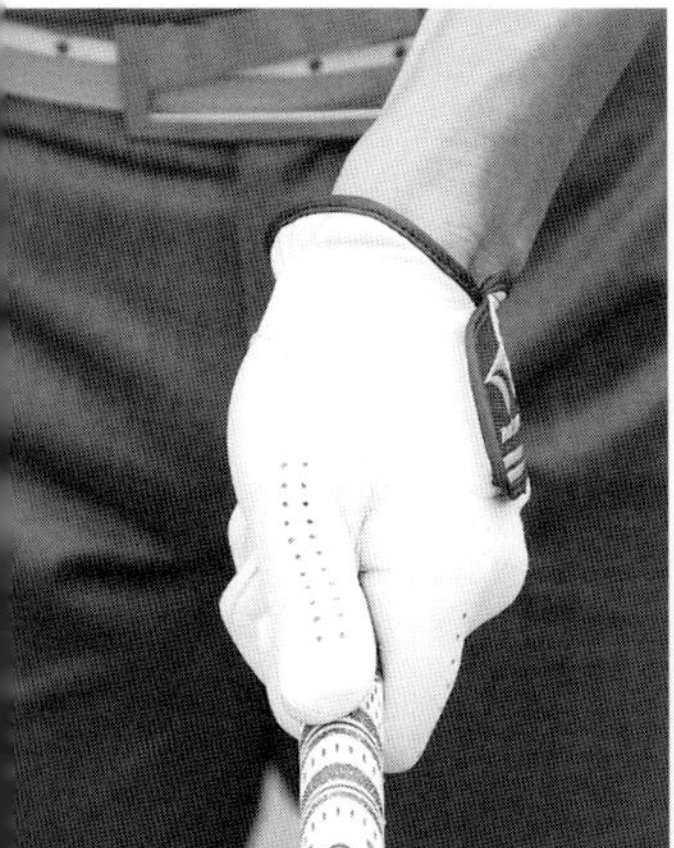

ストロンググリップ

グリップの上から左手を深く被せて握る。フックグリップとも呼ばれる

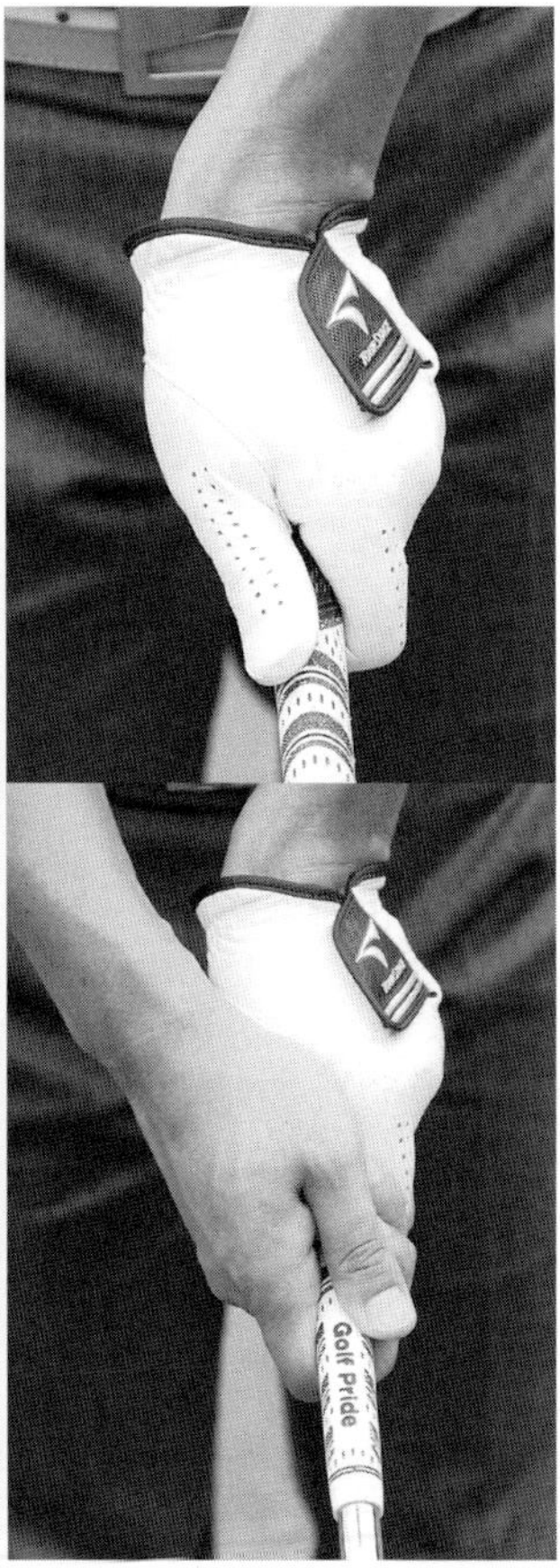

「直線スイング」のグリップの考え方は、左ヒジのローテーションをベースにスタートします。

いきなりここから入ると、何をいおうとしているのかさっぱりわからないと思います。ですから、本書では先に「直線スイング」の全体像や概念を理解していただいた上で、改めてグリップを見つめ直してもらう構成に

「直線スイング」ではグリップの向きで左ヒジのローテーションがどう変わるかを考える

しました。

さて、なぜ左ヒジのローテーションを考えるのか。これは「直線スイング」が腕の力でクラブを操作しないことを重視しているからです。

左手の被せ方、甲の向きでグリップの呼び名は変わります。甲が目標を向くスクエアに対し、グリップの下側から手のひらをあてがい、浅く握るウィークグリップ。逆に上から被せて深く握るストロンググリップがあります。

一般的にはウィークはヘッドが返りにくく、スライス系の打球が打ちやすく、ストロングはヘッドターンを助長するので球がよく捕まり、フック系の打球になりやすいといわれています。

ですが、これを左ヒジのローテーションから見ると、まったく逆になるのです。

ウィークに握るとハンドアップ気味になり、左ヒジが下を向きます。すると、バックスイングで右、ダウ

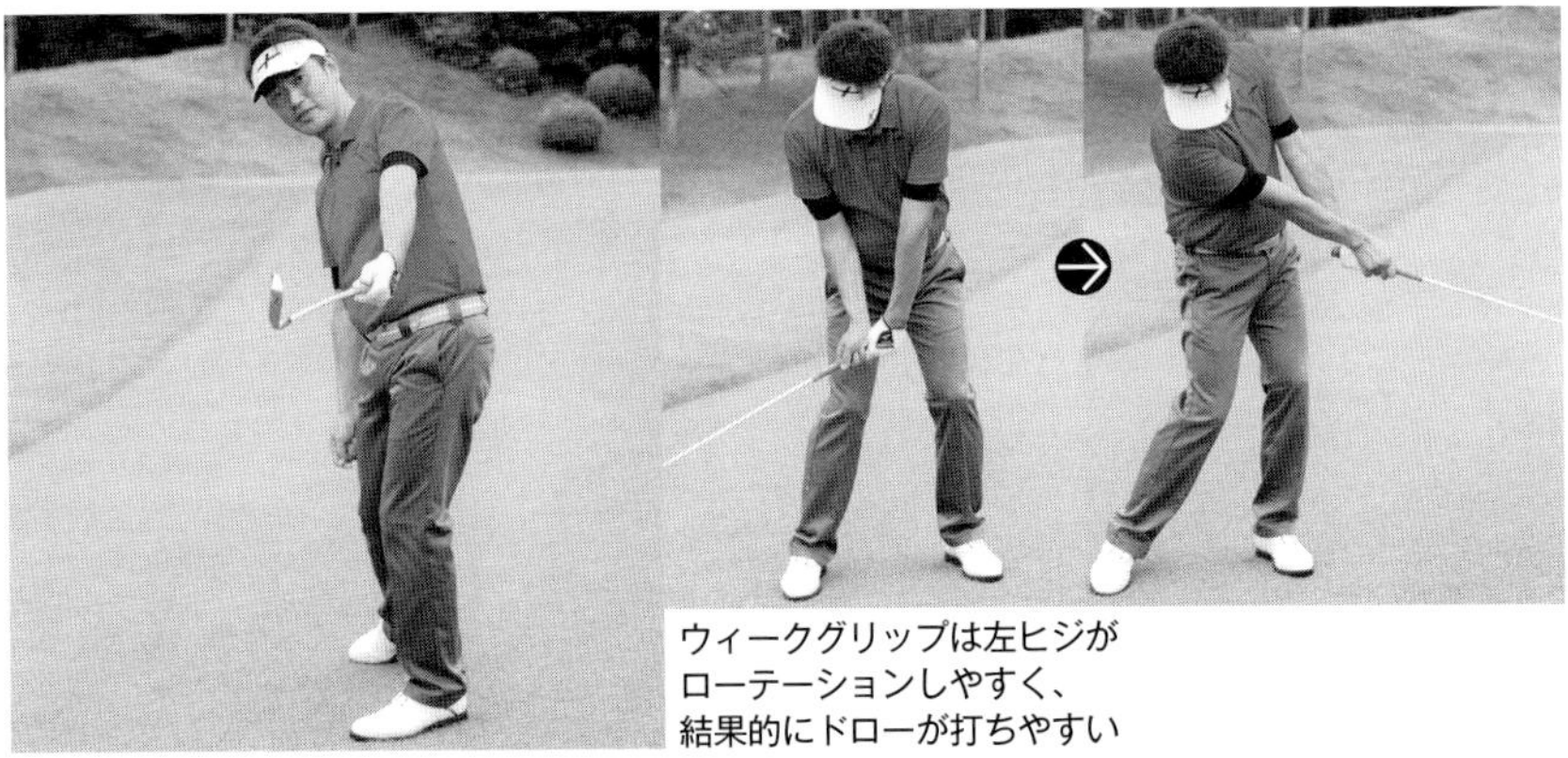

ウィークグリップは左ヒジがローテーションしやすく、結果的にドローが打ちやすい

ストロンググリップは左ヒジの動きがロックされヘッドターンが抑えられる

ンスイングからフォローでは左へと、スムーズにローテーションできます。結果、ヘッドターンがスムーズに促され、よく捕まったドローボールが打ちやすくなります。

逆にストロングに握ると、ハンドダウン気味になり、左ヒジが外側を向いてロックされます。バックスイングでもダウンでも、ローテーションが極めて少なくなるため、ヘッドターンが抑えられます。結果、フェードボールを安定して打てます。

このように一般論と異なるのは、ヘッドターンを手元の動きで促すか、それとも重心移動から生じるカラダのターン、肩甲骨のスライドと、それに連動するヒジのローテーションで管理するかの違いです。

「直線スイング」では腕と手元の動きは、常に重心移動の「主」に対して「従」のイメージです。そのため、グリップもアドレス時の準備段階で決めたら、あとは無意識にヘッドの動きを決定できるよう考えます。

グリップの真実②

アームローテーションを自然におこなうための握り方

脇を締めたり（上）せず、直立して両腕をダランと垂らすと、ニュートラルなヒジと甲の向きがわかる

グリップと左ヒジの関係が理解できたところで、本当のスクエアグリップについて考えてみましょう。

スクエアグリップは、ストレートボールを目指す握り方です。手元の操作を主体で考える場合は、左手甲をフェースと平行にセットする発想になります。

ですが「直線スイング」では、スムーズなヘッドターンを促し、よりスクエアに捕らえやすい左ヒジのローテーションができるグリップ、と考えます。

そのために必要なのは「ニュートラル＝脱力ポジション」です。まず、

そのままグリップを締めるが
その際に手元の高さや
左ヒジの向きを変えない

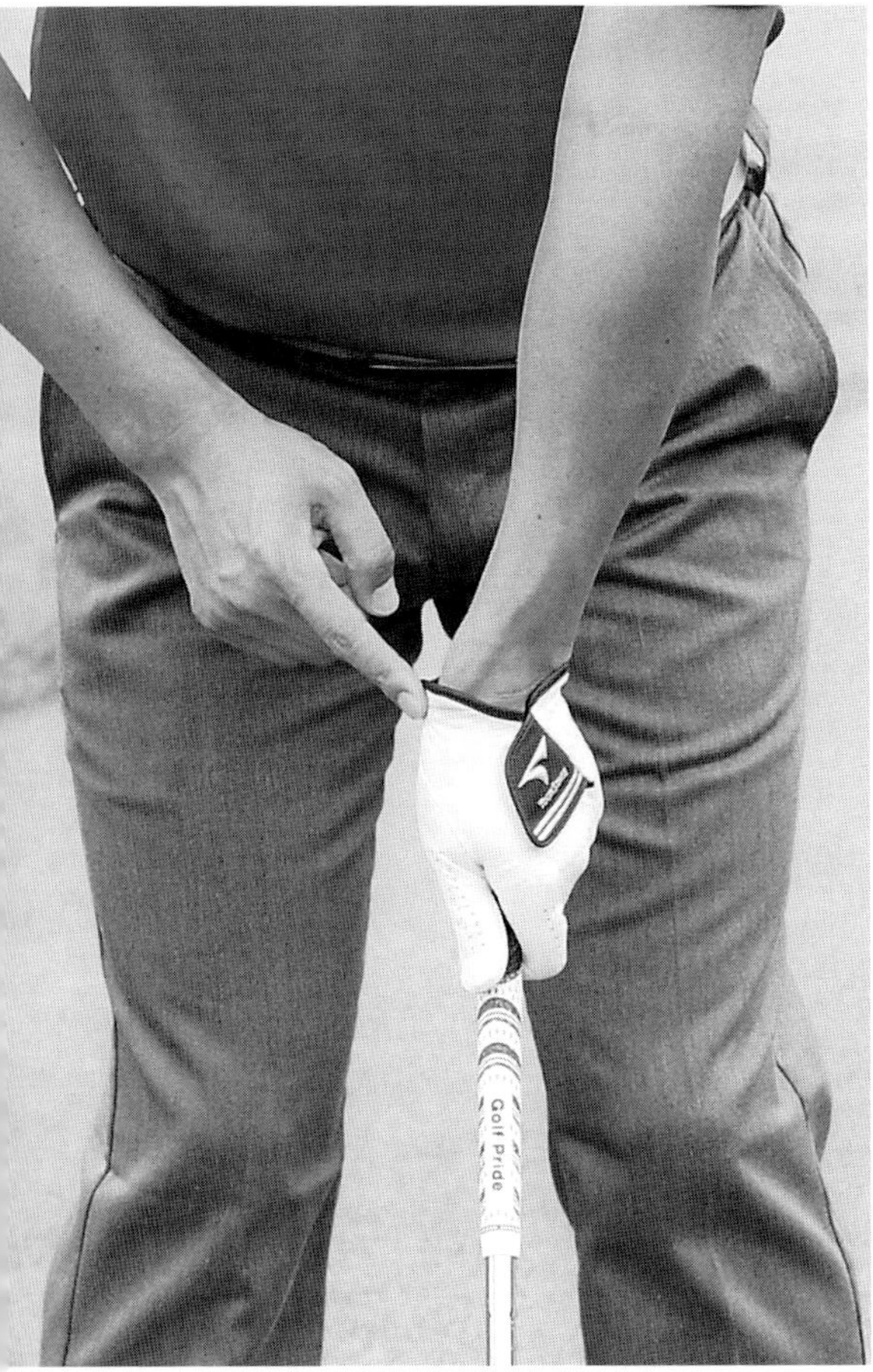

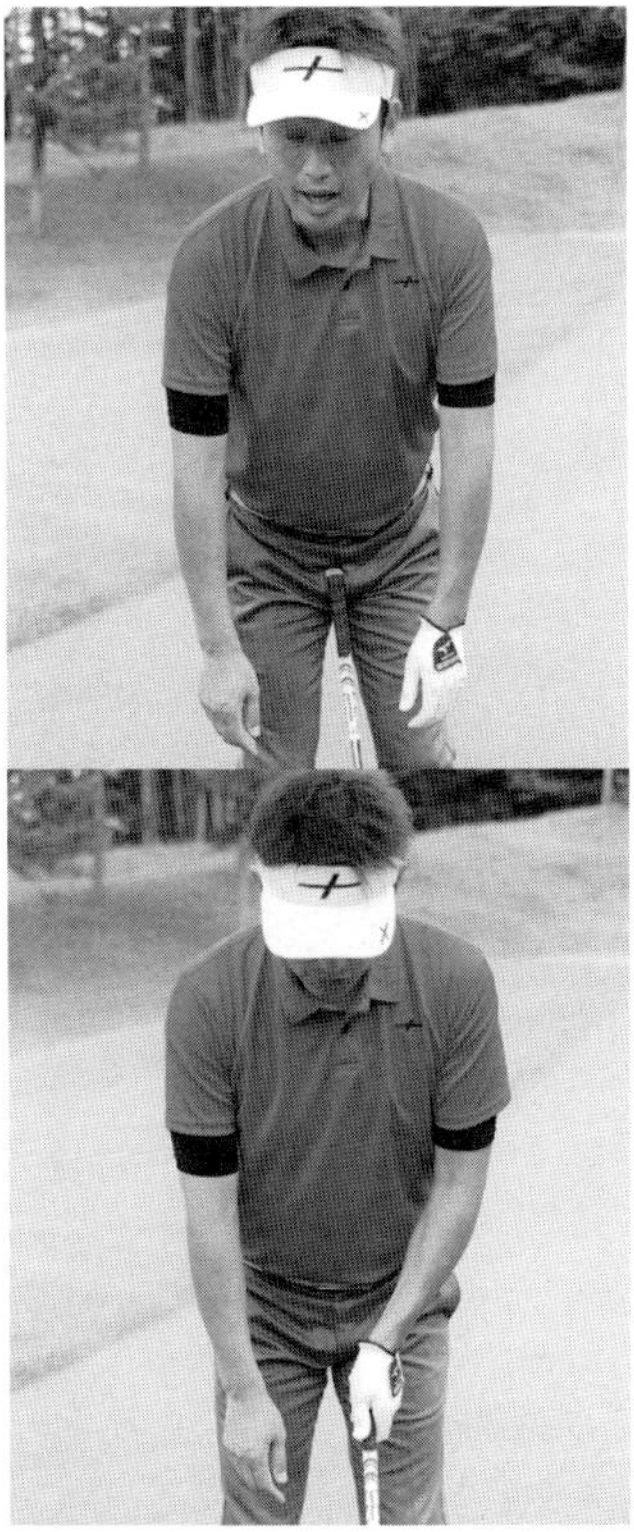

前傾して両腕を垂らし、
そのままの形を崩さず
軽く脇を締めてグリップ

直立してリラックスした状態で、体側に手をダランと下げます。このときの左ヒジ、左手甲の向きが、その人固有の「ニュートラル＝脱力ポジション」です。

大抵の人は、甲が斜め前方を向いているはずです。その分だけ、左手を被せて握ればいいのです。

実際にグリップを決めていきましょう。直立の姿勢から、アドレス時と同様の前傾を取り、両手を肩からダランと下げます。そして両手がグリップポジションにくるよう、軽く脇を締めます。

そしてクラブを左手でグリップ。このときグリップはある程度しっかり握りますが、左ヒジの向きが変わらないよう注意してください。

さて、次は右手です。左手とまったく同じ握り

ヒジの合理的な使い方から
導かれた、本当の
スクエアグリップが完成

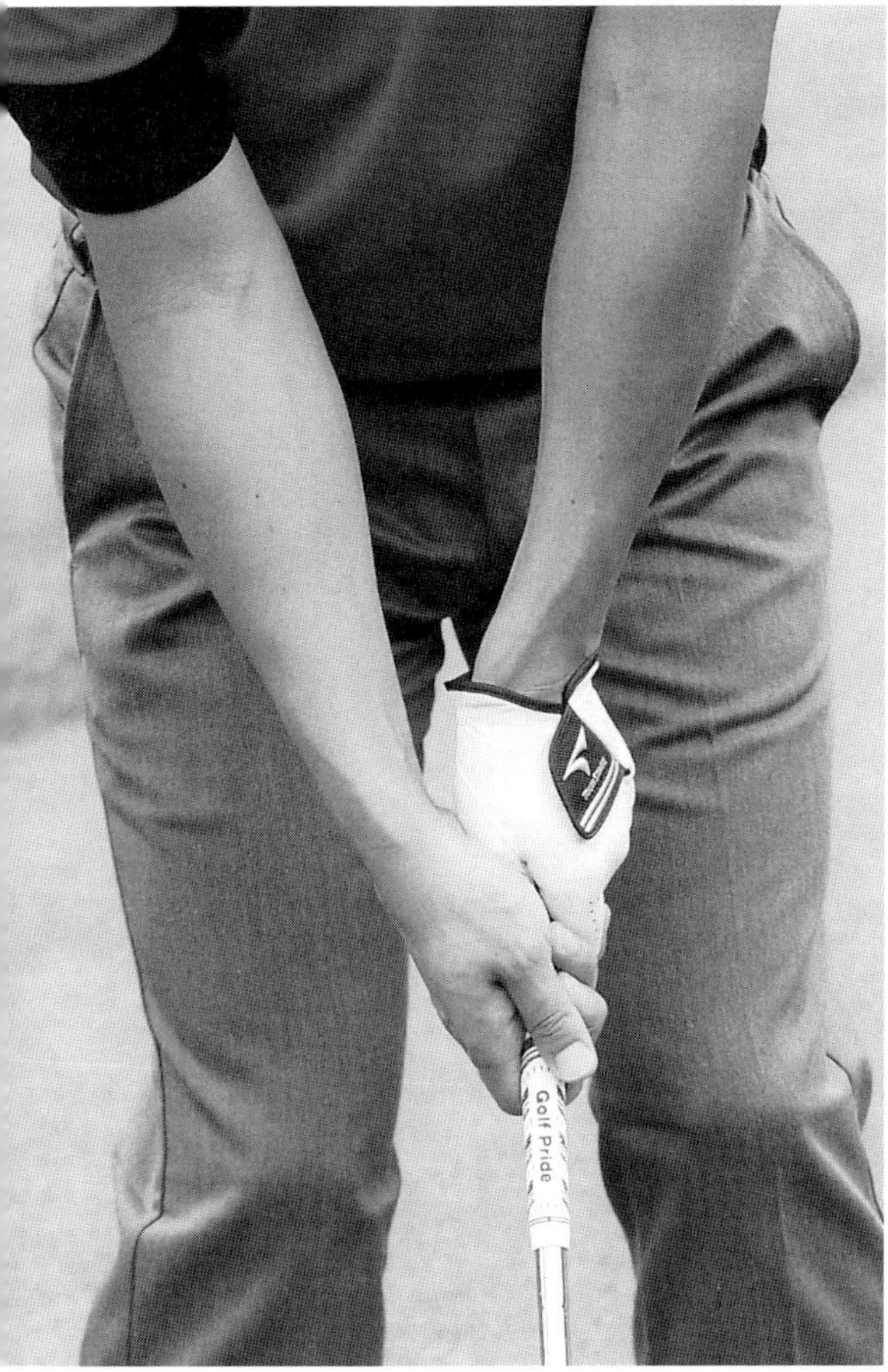

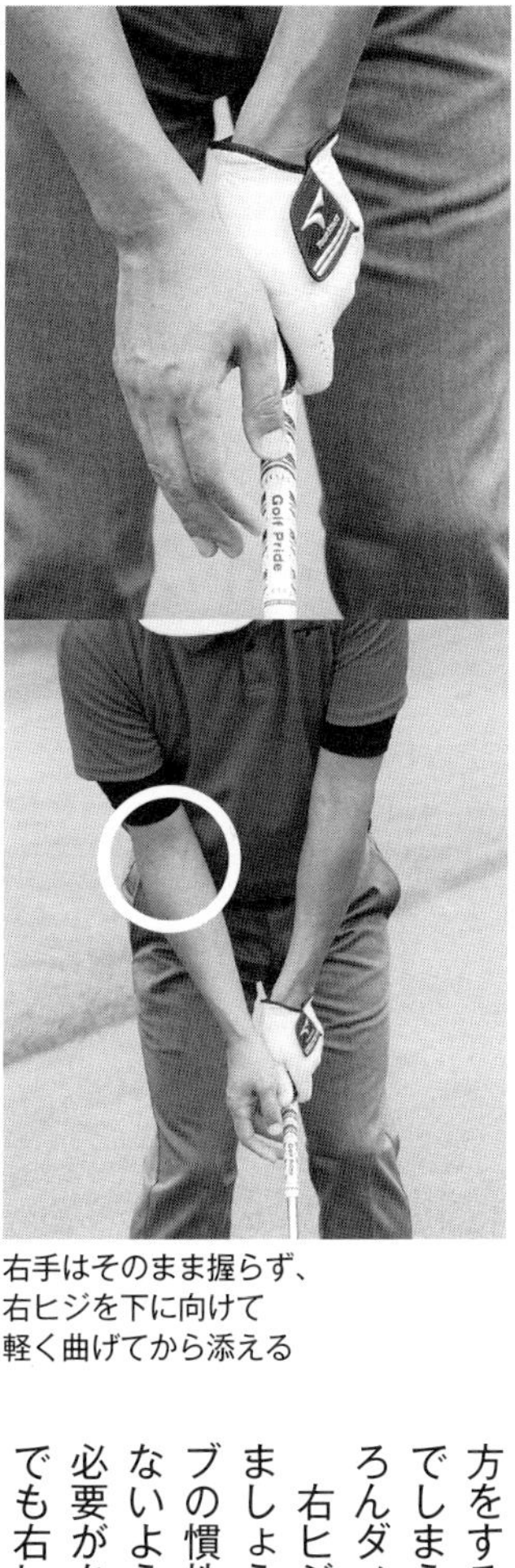

右手はそのまま握らず、
右ヒジを下に向けて
軽く曲げてから添える

方をすると、両手で上から絞り込んでしまうような形になるので、もちろんダメです。

右ヒジの役割と据え方を考えてみましょう。バックスイングではクラブの慣性エネルギーの動きを邪魔しないように、スムーズにたたまれる必要があります。そしてインパクトでも右ヒジは曲げたまま、クラブの打球衝撃を支える役割があります。

というわけで、右腕をダランと垂らしたポジションから、右ヒジを下に向けて軽くたわめながら、脇腹に引きつけます。右手甲はやや下を向き、グリップの右側からあてがわれます。すると、左手甲とほぼ平行に揃うように納まるはずです。これで本当のスクエアグリップが完成です。

グリップの真実③

握りのプレッシャーを一定に保つ考え方

グリップを握る強さは締めすぎず、緩めすぎず。
一定に保つのがベスト

「直線スイング」を完成させる上で、腕と手はフィーリングのセンサーであっても、動力の主役になってはいけません。ですが、日常生活で頼ることが多い部位だけに、脱力する努力が必要なのです。

その話の流れで、クラブの慣性エネルギーを生かす上でも、グリッププレッシャーはなるべくユルユルがいいですか、と聞かれることがあります。私の

トップで緩めてダウンで締めると、
ヘッドは急加速するが安定しない

考えではノーです。

ボールを打たず、ヘッドを速く走らせるだけならユルユルでも可能でしょう。ですが「直線スイング」の目的は、あくまでも「目標への出力」です。アイアンなど、ラフではボールだけでなく草や土まで打ち、芯も多少外れます。それでも当たり負けずにパワーを伝えるにはユルユルではなく、ある程度しっかり握る必要があるのです。

かといってガッチリ握り締めろというわけでは、もちろんありません。適度なグリップ プレッシャーをスイング中、一定に保つイメージがベストなのです。

握りのプレッシャーが一定でないイメージでは、クラブの動かし方にメリハリがつきます。手や腕だけで振って「ヘッドが走った」という充実感を得るには最高ですが、ミート率も含めてショットは安定しません。トップで緩めて、インパクトで締める。逆にトップで力んで、イン

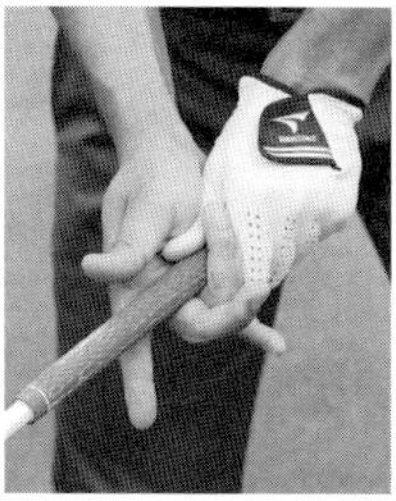

右手を薬指だけで
握って振ってみると、
グリッププレッシャー
が変わりにくく、
スムーズに振れる
感覚をつかめる

パクトで緩む。どちらも、クラブの慣性エネルギーのスムーズな流れをせき止めてしまっています。

　プレッシャーが一定なら、脱力したヒジの関節のように、慣性エネルギーの流れを止めません。スムーズなクラブの加速感が得られます。

　厳密にいうと、一定にしているつもりでもプレッシャーの強さはスイング中に変化します。クラブの慣性エネルギーが増えれば強まり、減れば弱まる。これは、物を持って動かすときの自然な反応なので、スイングの流れを壊しません。

　グリッププレッシャーを一定にする練習法として、右手を薬指だけで握る方法を紹介しましょう。やり方はカンタン、通常のグリップから薬指以外を離してしまうだけです。

　これで右腕の動きはかなりおとなしくなります。すると、スムーズに振れるので、いかに右手がグリッププレッシャーを不安定にさせるか、気づくはずです。

グリップの真実④

要となる一番大事な指は小指ではなく「薬指」

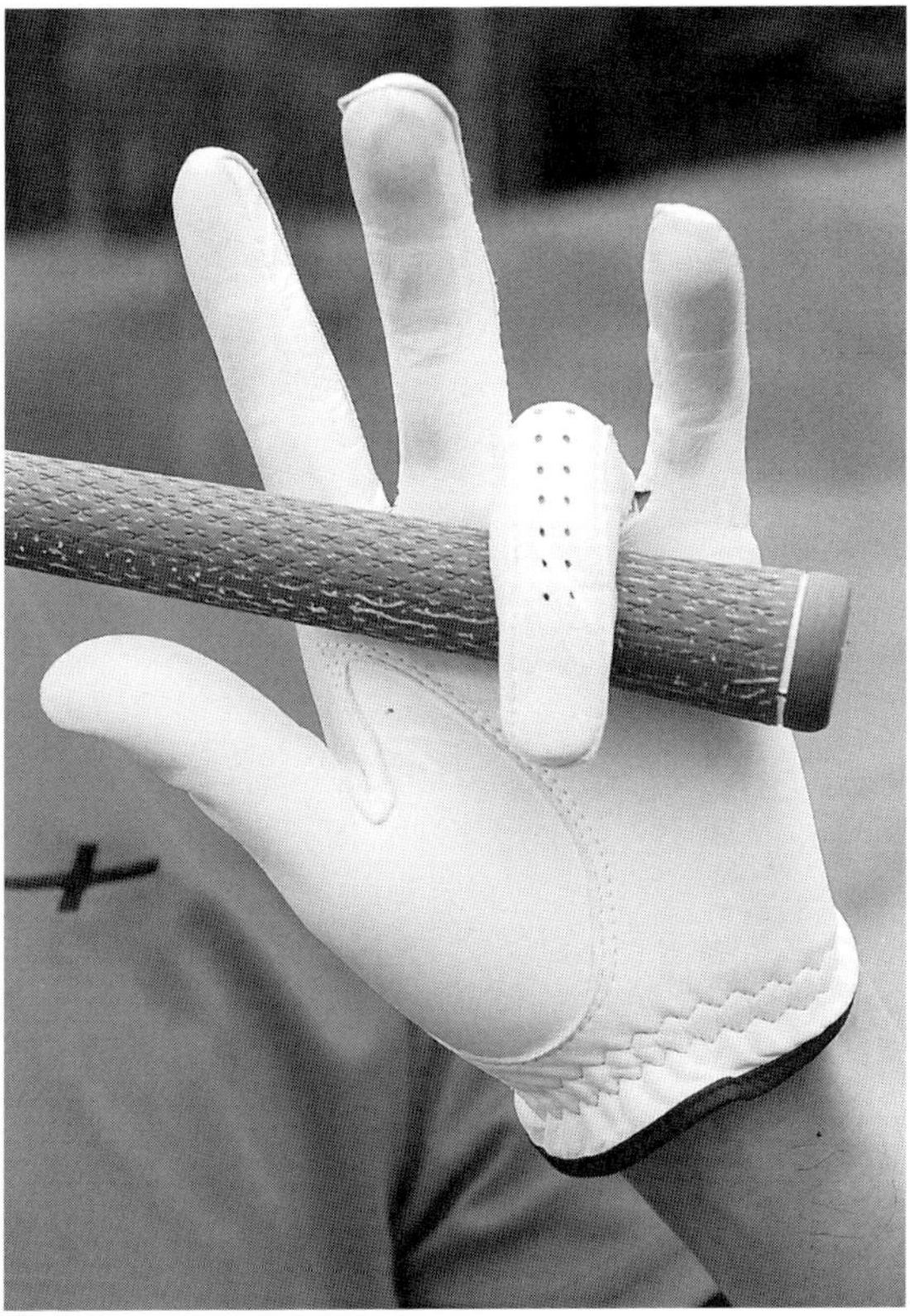

薬指でしっかり握るイメージを持つと
小指と中指も適度に締まる

グリッププレッシャーを一定にするためにも、脱力しても緩まない、密着度の高い締まった握り方をマスターする必要があります。

よく「小指側の３本の指でしっかり握れ」というレッスンがあります。これは間違いではありませんが、不要な力みにつながる可能性もあります。そこで私が意識してほしいのは、その真ん中の「薬指」です。

薬指でキッチリ握ろうとすると、小指と中指も適度に締まってきます。それ以上、３本指でギュッと握ると手首の動きが鈍くなってしまうでしょう。スイング中、クラブが遠心力で抜けてしまわないだけの力で

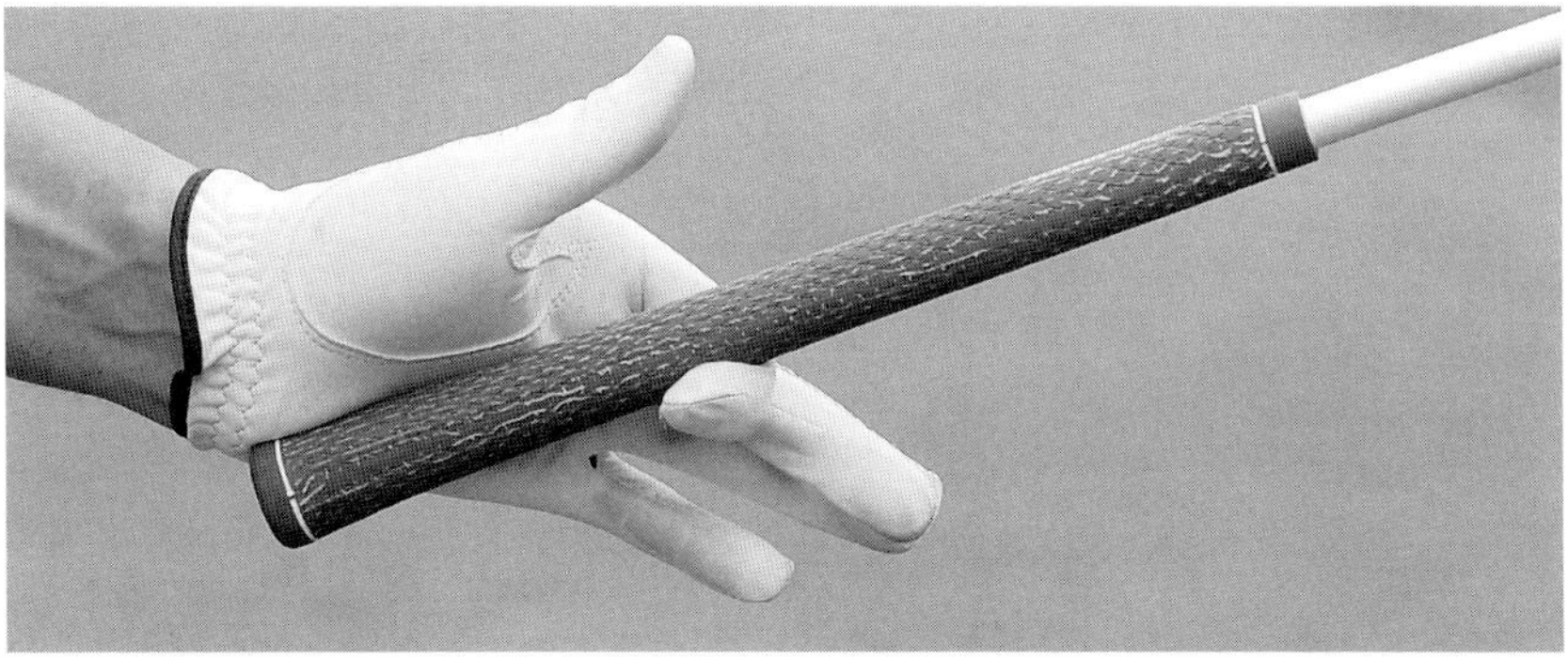

手のひらの膨らみと人差し指だけで
クラブは支えられることを確認

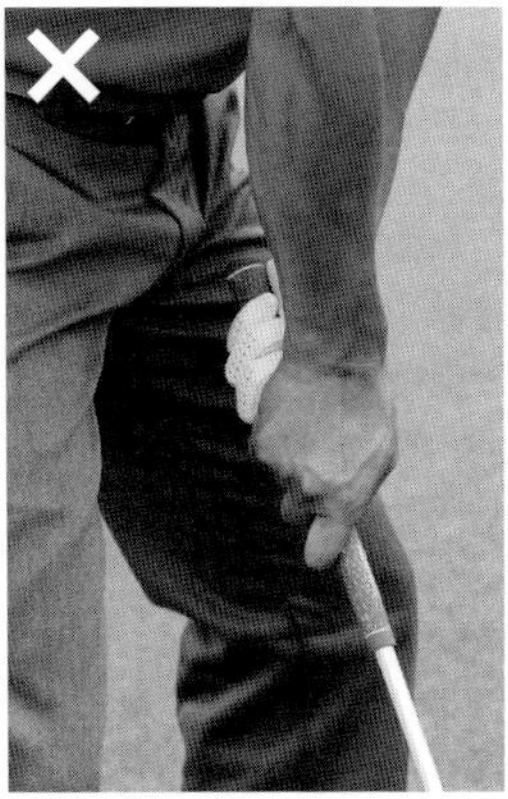

右手は左親指を包み込むようにして一体感を高めるが、上から押さえすぎてはいけない

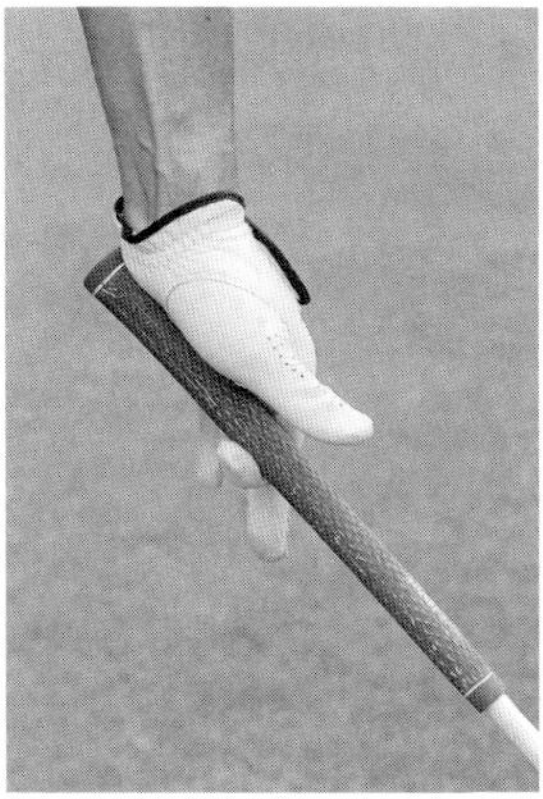

実際のアドレスの位置で、左手甲の被り具合を見ながら微調整する

握ればいいのです。

　ちなみに、親指と人差し指は絶対に脱力してください。この2本に力が入ると、腕を曲げる筋肉と肩に力が入り、腕で持ち上げるスイングになってしまいます。

　ただ、クラブが抜け落ちない理想的な手のひらのポジションを見つける際に人差し指は役立ちます。名手ベン・ホーガンが著書『モダンゴルフ』（ベースボール・マガジン社）で紹介したのが最初ですが、クラブを手のひらの膨らみと人差し指だけで支えて持ち上げてみてください。

　この状態で誰かにヘッドを引っぱられても、クラブは抜けません。クラブの遠心力を支えるのに、それほど力がいらないことを実感できます。また、左のグリップは指だけで握るよりも、パーム（手のひら）に斜めにかけたほうがしっかり握れることも理解できるでしょう。

　もちろん、手のひらだけでわしづかみし、親指を伸ばしたロングサム

小指周辺に隙間がなく、
中指と薬指が親指下の膨らみに
触れる程度が正しい握り方

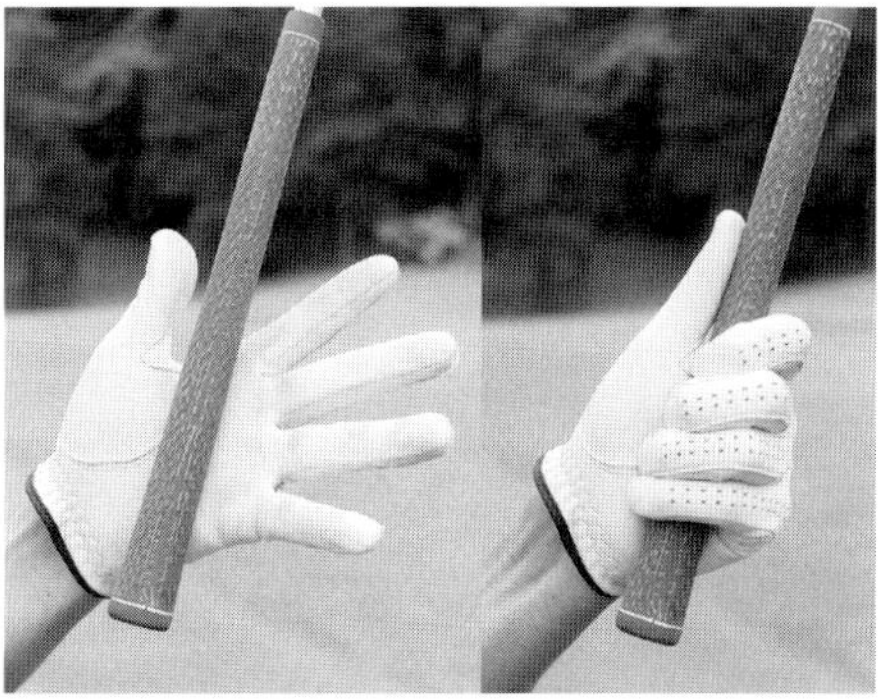
手のひらだけでわしづかみにすると
ロングサムになり隙間だらけに

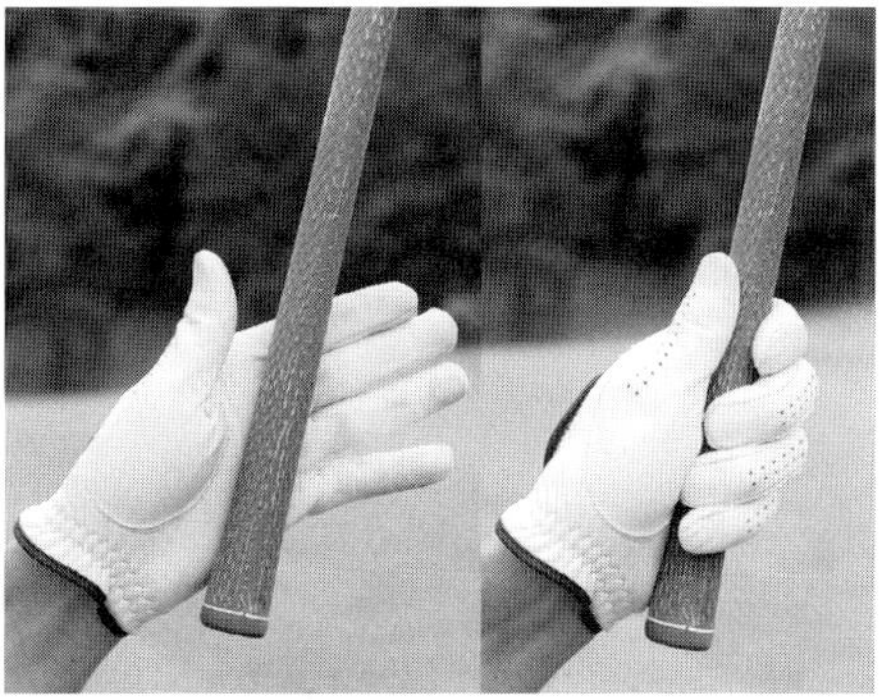
指と手のひらに斜めにかけることで
隙間のない密着度の高いグリップに

ではグリップに隙間ができてしまいます。先ほどの人差し指のポジションを確認し、中指と薬指の先が、親指下の膨らみ部分に触れるぐらいの角度を見つけてください。これにより、自分に合ったグリップの太さもわかってきます。

右手は親指下の膨らみで、左親指を包むようにします。こちらも薬指がプレッシャーの基準。左手との密着度を高めるのは結構ですが、上から押さえすぎてハンドダウンにならないよう気をつけてください。

第5章

「直線スイング」の習得ドリル

間違ったイメージを減らし正しい動きを引き出す

「直線スイング」のイメージが理解できても、
今までのスイングのクセとの兼ね合いで
なかなか思うようにはカラダが動かないはず。
間違った動きとそのイメージをあぶり出し、
正しい動きの感覚を得られるドリルを試してみよう。

クラブは「上げて下ろすだけ」の大間違い

両手の間隔をコブシ１つ分空けた「セパレートグリップ」

左肩が入り、左手を低く押し込むことでクラブが上がる感覚がつかめる

シンプルなスイングをイメージさせる言葉に「クラブを上げて下ろすだけ」というのがありますが、これはつい腕を使ってしまいそうな、危険なイメージです。

「直線スイング」では、クラブを持ち上げる意識は一切不要です。重心をまっすぐ動かしたら、クラブは勝手に上がってしまうのが正解です。

腕で上げていないかチェックするには「セパレートグリップ」のドリルが有効です。左右の手の間隔をコブシ１つ分ほど空けて握るのです。

これでバックスイングすると、重心移動と腰のターンでクラブが引かれ、左肩が入ることで右ヒジのたたみと連動してクラブが上に向かうことが実感できます。

手でヘッドを走らせようとすると、
左腕が邪魔になる。それをかわしても
振り抜けない

右手でインサイドに引いてしまうと、
ダウンも右手でおこなうことになり、
左サイドが詰まる

左ヒジを引いたり（左）、腕を緩めないと（右）
うまく振れないのは、手打ちの証拠

クラブは「上げない」「打ち込まない」

「セパレートグリップ」ドリルの真骨頂は、ボールを打つフォワードスイングにあります。大抵の人は最初、空振りします。次に、左ヒジを曲げたり、右手で合わせたりしてなんとか当ててきますが、これでは意味がありません。

クラブと左腕の角度を崩さず、ライ角をキープしてインパクトエリアに入れれば、なんの問題もなくしっかりボールを捕らえることができます。コツは、前傾角度をキッチリ保持し、上から打ち込もうとしないことです。

打ち込むように右手を下げなければ届かないのは、普段のスイングにも右手を下げる動きが入っているからです。バックスイングで、手で上げていなければ、下げる必要もないはず。重心移動と慣性エネルギーだけで上げているつもりが、腕を使っていたことに気づきます。スイングで迷ったら、このドリルをおこなうと効果テキメンです。

インパクトエリアで、ライ角と手首の角度がキープできていれば、問題なく打てる

ダウンからフォローまで、左腕を伸ばしたまま打てなければいけない

一番大きく体重移動するのはアプローチショット

短いアプローチでも下半身の動きを止めたら
手打ちになってしまう

腕の振りを主体にしてカラダを回しても
動きはバラバラになる

アプローチショットのように、スタンス幅を狭め、振り幅を小さくしていくスイングをチェックすると、正しい「直線スイング」のイメージで振れているかどうかが如実にわかります。

アマチュアに多いのは、スイングを小さくするには下半身の動きを抑えるのがシンプルでいい、という考え方です。これはバックスイングを腕からスタートさせ、肩、腰の順でねじっていく、円く振る発想です。

これでは手打ちになってしまうので、安定感や距離感を養うことはできません。また、少し長い距離のアプローチになると、腰を回したりヒジを返したりと、動きがどんどんバラバラになります。

狭めたスタンス幅の中でフルに重心移動。
これが不変のベース

重心移動で出力するから
クラブをスムーズに加速して柔かく打てる

手で上げて、上から打ち込む動作では
ヘッド軌道が鋭角になり、ザックリになる

スタンス幅を広げ、重心移動だけで打つ。
ヘッド軌道が緩やかになり、出球も安定

「直線スイング」なら、アプローチも重心移動はフルにおこないます。結果、体重移動も右、左と完全に移動します。ただし、狭いスタンス幅の中で完結するため、外から見ると動いていないように見えるのです。

短い距離をどうしても手で打ちたくなる人向けのドリルとしては「ワイドスタンスアプローチ」がいいでしょう。スタンス幅をドライバー並みにしっかり広げ、SWで20ヤードほど打ってみるのです。

手首はほとんど動かさず、重心移動とそれによる腰のターンだけで振るのです。ヘッド軌道は緩やかになり、重心移動のリズムで安定して振れるので、ミート率が向上し、出球も安定するはずです。

これをスタンスを狭めた打ち方と組み合わせて練習すると、スタンス幅にかかわらず腕の動きが重心移動に従うようになるはずです。「アプローチも脚で打つ」というイメージを、もっともっと育ててください。

小(アプローチショット)は大(フルスイング)を兼ねる

腕の力に頼らず、重心移動で出力する。
小さい振り幅のドリルでチェックしてみよう

「ワイドスタンスアプローチ」を、ショットの練習法に膨らませていきましょう。重心移動だけで、手や腕に一切頼らないで打つドリルです。

使用クラブは、長さもロフトも適切な7番アイアンがいいでしょう。まず準備動作として、シャフトのヘッド寄りの部分を握り、グリップ側が左脇腹のヨコを抜けるようにして構えてください。両ヒジは五角形のイメージで、手元をなるべく腰の近くに引きつけます。バックルの前にボールがあるつもりで、ヘッドの位置を確認します。

その体勢から、重心移動で右に乗り、腰をターン。ですが、手元は腰から離しません。それでも前傾と肩のターンでヘッドは胸の前ぐらいまで上がります。ここがトップ。

ダウンの重心移動で、すぐにヘッドは腰の高さに戻ります。そのまま左腰が入り、ターンするのに合わせてヘッドを振ります。シャフトが左脇腹にポンと当たるイメージです。

この動きを何度か繰り返し、腕を使わないで振るイメージがつかめた段階で、実際にボールを打つドリルにトライしてみましょう。

スタンス幅を広げ、両ヒジは軽く曲げたまま。これをスイング中キープします。ボール位置はスタンスの中央よりやや左に置きます。

重心移動でテークバックし、トップは胸の高さをイメージ。それでもクラブの慣性エネルギーで、手元は肩の高さぐらいまで上がります。これはムリに止めなくて構いません。

左への重心移動でダウンをスタート。腕で上げていないクラブは、意識しなくてもきちんと下りてきて、ボールをヒットします。フォローでは「目標への出力」を意識できていると、クラブも腕もカラダから離れて高く上がることはありません。

この一連の動きで、フルショットの8割以上の飛距離が出ればOKです。腕の力に頼らない出力の感覚をつかんでください。

手や腕は極力使わず、重心移動のみで振る。
これでもフルスイングの８割以上の飛距離が出る

事前に、クラブを極端に短く持ってリハーサル。
腕の力や動きに頼らないイメージがつかめる

スムーズな重心移動は「右足の蹴り方」も大切

右足の蹴り方が間違っているために
左への重心移動をうまくできない人は多い

ダウンでの左への重心移動がうまくできないという人は、右足の使い方、蹴り方のイメージが間違っている場合が多いようです。

よくある間違いのパターンは3つ。まず、つま先を支点にカカトを外側に回してしまうパターン。これは、腰のターンを助けようと右ヒザを左へ押し込む意識があるからでしょう。ですが、この動きでは腰がその場で回転してしまい。重心は左に移動しません。

次に多いのが、ジャンプアップ系です。腕に頼って振り上げた結果、ダウンではやはり腕で振り下ろしてきます。そのままでは手前をダフッてしまうので、腰から上体を持ち上げてしまうのです。これでたたま

つま先を支点にカカトを回してしまうと、腰がその場で回転してしまい重心が移動しない

腕で振り下ろすために、右足でジャンプしないとダフってしまう。安定感は望めない

右ヒザを前に突き出す蹴り方（左）は出力方向の意識がない。左へ押すイメージで（右）

重いものを押すイメージになると、少し腰を沈めたくなって正解。そのまま左へ押す

まず重心を左へ押し込み、腰がターンしてからカカトが浮くようにすれば、正しく動ける

タイミングが合うと、ヘッドが走ってそこそこ飛ぶ当たりが出てしまうため、正しい動きと勘違いしやすいのです。

3つめは、右ヒザが前に出る蹴り方です。一見、腰を回せそうですが実際は下半身の動きを止めてしまいます。「目標への出力」の意識、たとえば左にある力べを押すイメージがあれば、この形には絶対ならないと思います。

重心移動を考えた右足の蹴り方は、ヒザがどう、カカトがどうということはありません。重心を左へ押し込もうとすれば、右ヒザは前に出ず、足裏の内側に圧力を感じるはずです。より安定感を出すためには、少し腰を沈めながら左へ押すイメージが有効でしょう。

実際に、この体勢で左に力べのある場所で構え、その力べを押してみてください。頭で考えるよりもカンタンに、正しい右足の蹴り方がイメージできるはずです。

バックスイングもフォロースルーもクラブに「振られる」

ボールを捕まえたがるのが手や腕の問題点。
インパクト前後でクラブの動きを台無しに

クラブの慣性エネルギーを生かす腕の振り方は、今まで腕に頼ったスイングをおこなってきた人にとっては、最もマスターしにくいポイントでもあります。

先ほど「ワイドスタンスアプローチ」を紹介しましたが、あれは腕の動きを抑えてクラブと一体化させるドリルです。もっと腕をしなやかに使い、クラブの慣性エネルギーを十分に生かすには、次のアプローチドリルを試してみてください。

通常のアプローチのアドレスから、ロブショットを打つイメージで振ります。ポイントは、バックスイングをなるべくコンパクトに納め、大きく振り抜くことです。重心移動はスタンスの幅の中でフルにおこないますが、テンポはゆっくりにします。

このテンポの目安ですが、ＳＷのグリップエンドを持って、左右に振り子のように揺らしたときの往復の速度をイメージしてください。

最初は、重心移動でクラブを後方

重心移動で動き出したクラブの慣性エネルギーを、低い位置で押さえるイメージも有効

へスッと放り出します。コックもあまり入らず、腰の高さに上がった腕とシャフトが1本の竿のようにしなるイメージです。そこから左への重心移動を意識してダウン。腕とシャフトのしなり戻りがヘッドを加速して、トップの位置より高めに振り抜けていけばOKです。

このときの腕と手首のしなり感は、クラブの慣性に逆らう動き、つまり「上げない」使い方をしないと生まれません。手元を低い位置に留めようとすることで、クラブに引っぱられる感覚がつかめるのです。

次のステップは、トップで少し左肩を入れ、グリップエンドを下げてコックを入れます。すると、クラブの慣性エネルギーが上方に向かい、

腕を上げない意識でも、左肩を入れてグリップエンドを下げると、クラブの慣性エネルギーで上がる

腕を引っぱり上げるため、少し大きいトップになります。ここでもコック＝折るというよりは、しなりを感じ取るように心がけてください。

ダウンで重心移動とともに、イヤイヤ上がっていた腕は、すぐに腰の前に下りてきます。そのままヘッドが目標方向へ走り抜け、腕を目標方向へ引っぱったらポーンと腕を放り出し、フィニッシュへ。クラブとともに高く納まってよしとします。

手元が腰より上がるのは、常に「クラブに持っていかれる」感覚であることを感じ取ってください。

重心移動でシャフトと腕のしなりを引っぱる感覚がある

手元を浮かさない意識は、クラブが目標方向に引っぱるまで。あとは、クラブに従って高く上がってもいい

おわりに

世の中には「亜流」と呼ばれ、非常識といわれ続けたものほど、のちに本物として広く認識されるという例が多く存在します。今ではクラシックの定番となっているモーツァルトの音楽も、当時は「劣悪なもの」として非難され続けました。

私はモーツァルトのようにすごいんだぞ、というつもりは毛頭ありません。ただ「スイングは直線をイメージする」から始まる、私のゴルフ理論は「回転をイメージする」常識に真っ向から対立しており、数年前まではレッスン中に「中井さんはそういうけど、○○プロは雑誌に違うことを書いていたよ」と指摘されることが多々ありました。

アメリカ留学時から唱えていた、骨盤や股関節の重要性についても「どのプロもそんなことはいっていませんが？」といわれ「中井のいっていることは難しい」という非難も受けました。それでも、辛抱強く私のレッスンを受けていただいた生徒の皆さんが、驚異的に上達していくにつれ、口コミで評判が広がり、プロコーチとしての活動も評価され、今回の出版に至りました。

私は、今までレッスンを受講していただいたアマチュア、そしてプロの皆さんに育てていただきました。皆さんの上達が私の人生の励みになりました。この場を借りて、厚く御礼を申し上げます。

出版にあたり、本書の企画・担当にご尽力いただいたベースボール・マガジン社の宮原博文氏に心より感謝いたします。また、スイング解説をより鮮明にするため、よくしなる特殊なシャフトのクラブを作成していただいたUSTマミヤとグラファイトデザイン、撮影用の道具・ウェアを提供いただいたFSP、ピンジャパン、ブリヂストンスポーツ、カピートジャパン、そして撮影にご協力いただいた鶴舞カントリー倶楽部の皆様、ありがとうございました。

最後に、ゴルフを愛してやまない、私の従兄の話で終えたいと思います。

ある日、従兄とラウンドに行ったときのこと。シングルになった腕自慢の彼は、あるホールでOBを連発。そこからゴルフにならなくなりました。眉間にシワを寄せ、右往左往する彼に、従兄であることの気軽さから、

「考えすぎだって！　何も考えずにパーンと打ったら？」

というと、彼は激怒して、こう叫びました。

「考えないで球打てっていうのはな、俺に死ねっていっているのと同じなんだぞ‼」

死んでほしくないので、ぜひご一読を。

著者プロフィール
中井 学（なかい・がく）

1972 年(昭和 47 年) 大阪府豊中市生まれ。
14 歳でゴルフを始め、高校 3 年時、日本ジュニア出場。高校卒業後、渡米。カリフォルニア州立シトラスカレッジでゴルフ部に在籍。大学代表として活躍。留学時から、流行していた欧米型レッスンに疑問を感じ、独自に理論を構築。ミニツアーで修行後、1997 年帰国。1999 年よりティーチング活動、2003 年よりプロコーチ活動開始。数多くのアマチュア、プロをサポートし、現在に至る。

撮影協力●鶴舞カントリー倶楽部（千葉県）

スイングイメージは直線

2009年10月26日　第1版第1刷発行

著　　者　中井 学
発 行 人　池田哲雄
発 行 所　〒101-8381
東京都千代田区三崎町3-10-10
電話　03-3238-0181(販売部)
03-3238-0285(出版部)
振替口座　00180-6-46620
http://www.sportsclick.jp/

印刷・製本　凸版印刷株式会社

ISBN978-4-583-10186-6 C2075

デザイン／大久保敏幸デザイン事務所
構成／戸川　景